The Collection of Important Reports Subsided by Ministerial-level Projects of China Law Society

中国法学会部级课题成果要报汇编

2016年

中国法学会／编

[社会法、环境法与国际法卷]

中国法制出版社
CHINA LEGAL PUBLISHING HOUSE

出版说明

为了加强课题研究成果的应用转化，推进中国法学会新型智库建设，更好地为中央决策和法治中国建设服务，中国法学会建立了课题成果要报制度。凡承担中国法学会部级法学研究课题，应在申请结项鉴定前至少撰写1份成果要报，针对当前和今后一个时期我国法治建设中迫切需要解决的重大理论和现实问题，从法学理论和法治实践的角度提出对策建议。

课题成果要报制度实施的效果非常明显，2016年共收到课题成果要报228份，较2015年的192份增加了18.75%。部分选题重要且具有较强应用价值的成果要报，推荐作为中国法学会《要报》报送中央有关部门。同时，分“宪法与行政法卷”、“民商经济法与知识产权法卷”、“刑法与诉讼法卷”、“社会法、环境法与国际法卷”和“十八届四中全会专题卷”共五卷，结集出版《中国法学会部级课题成果要报汇编（2016年）》。

中国法学会

2017年12月

CONTENTS

目录

社会法篇

环境法篇

国际法篇

社会法篇

社会救助立法与社会保险法的衔接问题研究

蒋悟真

本研究报告是江西财经大学法学院院长蒋悟真教授主持的中国法学会2014年度部级法学研究一般课题《社会救助立法与社会保险法的衔接问题研究》（课题编号CLS〔2014〕C42）的成果精粹。

党的十八届四中全会明确提出要加快推进社会主义法治国家建设，形成中国特色社会主义法治体系，健全社会保障、社会救助等方面的法律法规。作为我国社会保障法制体系中两个基本的法律制度，社会救助法和社会保险法在我国社会保障法律体系中处于基础性地位，完善社会救助法与社会保险法功能的协调与制度的衔接，对加强民生保障建设、推动依法治国、实现国家治理现代化具有重要意义。纵观两法的立法史，社会救助法与社会保险法均经历了由分散碎片化立法到统一的综合性立法的过程，立法的理念中也强化了对公民人权的保障以及对政府责任的彰显。其中，2010年《社会保险法》的出台扩大了社会保险的适用范围，明确了国家在社会保险中的责任，同时规定了医疗保险基金与工伤保险基金先行支付和追偿制度。但其立法中也不可避免地存在一些问题，如定位于“事本位”而非“权利本位”，宣示性、授权性条文过多以及相关规定的不完善等。面对《社会保险法》的不足，作为我国社会保障领域另一部重要法律的社会救助法的立法过程更备受社会关注，社会救助法的科学设计与有效实施无疑将在一定程度上弥补社会保险法的不足、协调两法的实施、提高公民的社会保障水平。而在历经多次立法规划、调研并征求社会意见后，我国的社会救助立法最终以《社会救助暂行办法》（以下简称《暂行办法》）的形式于 2014 年颁行，作为现实回应，《暂行办法》在第 2 条就明确指出社会救助制度应与其他社会保障制度相衔接。

而社会救助立法与社会保险法得以实现衔接的基础就在于，内在价值的外化、对社会环境的回应性使社会救助法和社会保险法本身共同存有重要的社会保障功能。首先，就两法的法功能层面来看，社会救助法与社会保险法救济功能的类似性为二者的功能组合与互补提供了可能：一方面，社会救助法与社会保险法共同发挥着相似的积极功能，常态下平衡着国家与公民间的权利义务关系，对社会群体的利益予以确认、调整并促进社会整合；另一方面，社会救助法与社会保险法在社会保障功能的发挥上是相互配合与促进的关系。其次，社会救助法与社会保险法在救济功能上各自体现出的优势和差异为二者的组合与互补提供了可行性的例证。从社会救助与社会保险制度本身的特征上看，社会救助立法与社会保险法的保障功能的发挥在救济范围、责任主体承担方式、保障类型和水平上存在着诸多不同的定位，要实现社会保障效果的最大化，则需优化二者保障功能的组合，加强彼此间的协同效应。最后，社会救助与社会保险的有效实施对社会矛盾的缓解、和谐社会秩序的构建以及实质公平正义的实现有着重要作用，在发展型救助理念的人权保障推动下，促进二者社会保障功能的优化组合既是系统论思想下的制度要求，也是社会支持理论下克服多元化风险的客观需要，实现社会救助立法与社会保险法的协调与衔接具有紧迫的现实必要性。

对我国现有的社会救助法规和社会保险法的法律文本进行分析与比较，两者在实体与程序法律规则创设方面仍有诸多疏漏和不足，一定程度上阻碍了两部法律本身承载的社会保障功能的发挥，不利于两法不同类型社会保障功能的互补性的实现，亦很难使现有的社会保障资源得到最充分的利用。

在社会救助立法与社会保险法实体衔接制度上，主要问题包括：

首先，缺乏对特困人员参加养老保险的保障性规定。新出台的《社会救助暂行办法》针对之前城乡分割且碎片化的救助制度状况，进一步对城乡共有的救助机制进行了整合，并构建了特困人员供养制度，确立了“特困人员供养应与其他社会保障制度相衔接”的原则。而有关特困人员参与基本养老保险的衔接规定作为完善特困人员供养制度、保障其基本生活的重要法律途径，理应成为社会救助与社会保险衔接领域中的必要组成部分。但目前，无论是《暂行办法》还是

《社会保险法》，都没有对此进行规范。今后社会救助基本法的出台应在积极借鉴地方实践立法的基础上，明确由政府对特困人员加入基本养老保险的个人缴费部分进行资助，并采取中央财政转移支付与地级财政相结合的体制，明确划分中央与地方的出资义务，适当提高中央财政转移支付的比例，保证补贴资金供给的充足性与稳定性。

其次，低收入“边缘”群体风险保障机制缺失。当前我国的就业格局已经发生重大变化，大量低收入群体或所谓灵活就业的一般劳动者由于收入不稳定、无法持续缴纳保险费、缺乏缴纳动力或激励等因素而没有参保，同时囿于户口及收入等局限，往往又被排斥在最低生活保障制度外；基于其工作性质，也不可能被列为特困人员进行供养；在获取专项救助上，制度上的适用困境使这些经济状况仅略高于低保人员的“低保边缘群体”，在面临住房、教育等非暂时性困难时无法得到相应的社会救助。对此，《暂行办法》应积极探索建立低保边缘支出型国家给付模式，即对家庭收入在低保两倍以内并存在刚性支出的群体，如家庭成员中有患残疾者、义务教育阶段就读学生或单亲者，每月给付固定类别的社会救助。一方面，中央财政应加大对一些财政有困难地方的财政转移支付力度，确保专项救助资金的充足性与稳定性；另一方面，对于一种专项救助内的不同对象可以采取分层的救助标准，即确保低保户与低保边缘户或低收入家庭之间实行稍微有差别的救助标准，这样既有利于救助公平的实现，也能使后者受到合理的救助与保障。

再次，失业保障范围过窄。依据《社会保险法》第45条之规定，其若想取得相应的失业保险待遇则需符合一定的条件，因而无形之中把很多群体排斥在失业保险的保障外。对此，《暂行办法》增设了就业救助制度以期弥补失业保险的制度不足，但《暂行办法》中所规定的失业救助对象却仅限定为低保户中的失业者，因而很难使就业救助制度与失业保险制度在保障对象上实现衔接。所以，《暂行办法》应扩大就业救助的对象范围，除了低保户中有劳动能力并处于失业者，还要包括低保外无法享有失业保险待遇的“就业困难人员”，同时可涵盖有劳动能力并需要解决生产的流浪乞讨者，在就业救助方式的确定上应与失业保险相融合。同时，我国失业保险金待遇也应进一步提高与失业者的原有生活状态相挂钩，并缩减现有失业保险金的领取期限，旨在一方面使失业者在失业后不必因生活落差过大而影响正常的生活需求，另一方面则促进其积极再就业，避免制度性懒汉的出现。此外，失业保险待遇的给付亦不能采取绝对统一的标准，而应实行弹性给付，即对具体权利对象实施分层给付。

最后，疾病应急救助制度适用规则不完善。《暂行办法》在第32条增设了疾病应急救助制度，但就疾病应急救助制度与其他医疗保障机制相衔接的问题并未进行细化。完善疾病应急救助与医疗保险及其他医疗保障制度间的衔接，首先应当明确的是，疾病应急救助基金的垫付标准是以患者的急救费用为限，且疾病应急救助基金垫付制度实际上体现的是社会救助作为其他救济机制的补充发挥其底线保障的作用，故原则上疾病应急救助应在穷尽其他救济机制（如社会保险救济机制）后适用于患者；对于身份不明的被救助者，待其身份明了后，若本人享有医疗保险抑或其他商业性医疗保险等，那么此时被救助者的后续治疗费用则应转由其他相应的保障制度承担，对于已支付的住院费用，疾病应急救助基金的管理机构可向医疗保险经办机构或商业保险机构等责任主体进行索偿；而对于第三人致害的急救患者在接受疾病应急救助后如果确定了相关责任人，则此时救助基金的管理机构同理应有权就先行垫付的急救费用向相关责任人进行追偿。

在社会救助立法与社会保险法程序衔接制度上，完善二者程序衔接机制的构建措施主要包括社会救助与社会保险权利救济机制的构建和科学管理机制的构建。

在社会救助与社会保险权利救济机制的构建方面，通过对法律条文的梳理与对比可以发现，《暂行办法》与《社会保险法》的权利救济机制均属于事后救济，存在着滞后性的缺点。因此，在《暂行办法》与《社会保险法》中构建一套符合形式理性与价值理性的保障程序本身就是一种前置性、预防性救济，同时也可为事后救济提供有效的依据。第一，应建立健全社会救助与社会保险实施中的保障信息说明程序。对于《暂行办法》及《社会保险法》中承担着信息公开责任的相关机构的不作为，社会救助对象应享有向上级主管机关进行申诉的权利及相应程序，由主管机构对社会救助与社会保险的相关信息进行强制公开，以保障弱势群体的基本保障权利。第二，要完善社会救助与社会保险的监督机制，尤其是要构建社会救助与社会保险事前与事中的监督程序。不仅要将民主评议程序正式纳入立法内容中进行规范，也要加强社会救助与社会保险的日常监管，同时细化社会监督的受理主体，为公民实施社会监督提供良好的程序支持。

在社会救助与社会保险科学管理机制的构建方面，则包括完善社会调查程序、构建信用评估机制、加强管理部门的整合与信息沟通三个方面。具体而言，一是在社会救助领域构建的社会调查程序上，应积极提高调查人员的专业性，同时加强对隐性收入的核实和动态追踪管理；二是要建立针对受助者以及社会保险相关主体（如用人单位）的信用评价机制，并对其信用进行实时记录与评价，纳入全国的征信系统，与银行、税务系统共享，以提高受助者发生道德风险的违法成本；三是人力资源与社会保障部门作为主管社会保障工作的机构，应统筹协调社会救助与社会保险具体实施部门的运行，同时也要在财政、民政、卫生、社会保险经办机构等部门间构建良好有效的信息共享与沟通机制，以保障各部门实施社会保障间的协调性。

国外弱势群体与我国特殊群体的法律保护之比较
——兼议我国有关弱势群体保护法律规定的缺失及补足

贺东山

本研究报告是中南大学法学院贺东山讲师主持的中国法学会 2014 年度部级法学研究自选课题《非正规就业群体合法权益法律保护研究》（课题编号 CLS〔2014〕D049）的成果精粹。

美国对弱势人群权利法律保护遵循多贡献多受益的原则，注意照顾重点保护对象，各级政府之间有效划分社会保障权限，其立法进程快且法律体系完备，体现社会公平又突出效率。德国对弱势群体的生、老、病、死、伤、残、孤、寡、教育、就业、住房等方面事宜都有详尽的立法。瑞典对弱势群体的保护资金主要来源于国家税收，保护的范围包括生老病死在内的各种生活需要。而在我国劳动法律规范中，一般将特殊群体界定为由于各种特殊原因有就业障碍或在劳动力市场上处境不利的人员，相比其他国家和地区对弱势群体权利的法律保护之特色，我国对弱势群体劳动权益的保护还有待在单独立法、国家干预、工会维权和社会功能等几个方面进行改进。

一、美国对弱势群体权利的法律保护

美国对弱势人群权利法律保护的日益关注是在整个国家的工业化和城市化之

后，其遵循多贡献多受益的原则，注意照顾重点保护对象，各级政府之间有效划分社会保障权限，管理部门层次虽多，但职责清晰。总的特点是立法进程快且法律体系完备，体现社会公平又突出效率。例如，为了解决工伤问题，美国在联邦补助法中规定对从事危险工作的联邦雇员给予补助，43 个州在联邦政府一系列法令的推动下实施了工人补偿金法，以补偿工人因工业事故所造成的损失。又如，马萨诸塞州率先通过的关于社会保险的法令试图以支付保险金的办法来解决失业工人的困难。而美国劳工协会要求每个雇主设立一笔储备金用来补助被辞退工人的“失业储备金”计划首先在威斯康辛州获得通过。

二、德国对弱势群体权利的法律保护

作为世界上最早以立法形式对弱势群体权利进行保护的国家，德国对弱势群体的生、老、病、死、伤、残、孤、寡、教育、就业、住房等方面事宜都有详尽的立法。多年来德国一直持续高失业率，该国的立法者在促进就业法的框架内，不仅仅是国家，而且让雇主和雇员担负防止和消除失业的特殊责任。在德国的法律规定中明确强调，雇主和雇员，特别是弱势群体应借助于国家给付，避免出现失业或缩短失业时间，这是促进就业的基本任务。

例如，《社会法典Ⅲ》中规定联邦承担失业救济金、雇员救济金的支出。此外，联邦还在需要时向德国社会保险机构联邦劳工署提供流动救助资金和联邦补贴。在持续较长时间的高失业率期间，由于持续的大规模失业使得保险费收入不充足，联邦经常支付流动求助资金和联邦补贴。又如，德国颁布施行了《伤残及养老保险法》并通过了保障重残人员权利的法律，保护所有养家糊口能力受到限制的人，而不考虑造成残疾的原因是什么。

三、瑞典对弱势群体权利的法律保护

瑞典是世界上典型的“福利型”国家，坚持“普遍性”就业保障原则，对弱势群体的权利保护将弱势群体的生老病死都包括在内，而对弱势群体的保护资金主要来源于国家税收，保护的范围包括“从生到死”的各种生活需要，给付的标准无论身份如何都是全国统一的。例如，瑞典强制推行国家基本养老保险计划和国家补充养老金计划。而在工伤保险方面，受保人因工伤致残，享受残疾的终身年金。在社会福利方面，社会救济主要由地方政府管理，每个残疾人的就业工资由政府支付其中的75%，其余主要由工厂负担。又如，在《就业机会平等法》中规定保证不同性别雇员的就业机会平等，并对有职业能力障碍的劳动者提供服务与帮助，包括对残疾人就业的补助，安置残疾人就业的工资补贴，残疾人的保护性就业。另外，在就业保护方面，瑞典在《就业保障法》中规定不得任意解雇雇员。

四、其他国家对弱势群体权利的法律保护

在日本，儿童福利法的改革主要从以下几方面着手：全体儿童的权利规定和权利保障的手段应明确化、儿童权利保护的组织和人员、儿童商谈所及相关商谈机构的改革、儿童福利设施及其体系的改革、身心残疾儿童的地方治疗培养体制的调整和必要设施的创设、儿童福利工作人员的资格制度的调整等方面。在澳大利亚，联邦最高法院作出了其自澳大利亚联邦成立以来最富冲击力的判决，即玛伯诉昆士兰州案，使原著居民的土地所有权得到恢复和承认，并在澳洲产生了巨大的社会影响。在加拿大，法官也逐渐发挥积极主动的司法职能，作出了一系列有利于妇女的判决；最高法院经过多年发展，逐步抛弃了原来的一些陈旧观念；当提起宪法诉案时，妇女有机会质疑男性界定的结构和体制，并揭示平等是如何仅仅通过基于男性自己的需要和特点的规范而达到的。在以色列，高等法院制定了种种法规，其中包括义务兵役制的范围、政党财经制度、政治协定的核准和公布、排除激进政党参与议会选举、政府委任高级行政职务的章程、电视广播的多语种、两性在担任公营公司经理和宗教社团负责人方面的平等权利、同性和异性恋者在工作场所的平等地位以及审查制度，等等。

五、我国有关弱势群体保护法律规定的缺失及补足

相比其他国家和地区对弱势群体权利的法律保护之特色，目前，我国在弱势群体权利法律保护中还存在以下一些方面的缺失，有待进行改进，并且其制度化也急需加快、加强和落实：

其一是要加强立法。要从根本上保护弱势群体的合法权益，只能通过法制来构建。目前只有完善弱势群体权益保护的法律机制，才能对经济发展与社会和谐发挥基础性的作用。这是依法治国的必然要求，也是法律的正义本质。而在我国首先是现行宪法中关于保护弱势群体的政策、原则和规范的规定；其次是我国立法机关制定的《妇女权益保障法》、《未成年人保护法》、《老年人权益保护法》、《残疾人保障法》、《消费者权益保护法》、《民族区域自治法》等；最后是在法规和政策依据方面，为了建立与市场经济体制相适应的社会保障体系，国务院先后制定了一系列行政法规，地方各级人大及常委会也制定了不少地方性法规来保护弱势群体。可见立法内容过少，且不成体系，过于零散，对损害弱势群体劳动权益的法律责任规定少，致使弱势群体运用法律手段维护自己的合法权益途径不畅通，具体操作起来困难。建议加大对弱势群体劳动权益保护立法，立法形式可以多种多样，可单独立法，也可分散立法，制定一部劳动者权益保护法，逐步提高弱势群体的劳动条件与劳动标准，使其与一般劳动者群体的劳动条件、劳动标准相一致，从而达到平等保护的目的。

其二是政府相关部门在弱势群体劳动权益保护上应尽快适用新的法律环境、运用新法律武器发挥更大的积极作用。2008 年至 2015 年这几年中，《劳动合同法》、《劳动合同法实施条例》、《就业促进法》、《就业服务与就业管理规定》、《劳动争议调解仲裁法》、《社会保险法》等这些不断出台实施的法律法规，无论是劳动合同、就业援助、劳动争议处理还是鼓励创业，都和弱势群体息息相关。弱势群体劳动权益的保护关系到社会秩序的稳定、国家经济的顺利发展，因而作为政治国家必须予以积极的干预。国家干预的手段可以是通过推动再就业工程，可以提供职业指导、职业介绍、信息发布，可以提供职业培训的资金支持，更重要的是加强劳动行政监察力度，扩大行政监察范围，将弱势群体劳动权益的保护纳入中央和地方政府的行政监察视线范围内，及时监察、及时惩处，可避免更多的突发事件、过激行为的发生，增强弱势群体的社会安全感，进而实现社会安定，促进经济发展的目的。弱势群体法律援助保障是维护司法公正的重要环节，政府不但应承担起这一国内、国际义务，而且还应通过具体途径制定规范决策，建立政府法律援助调控保护机制。为此，政府应加大法律援助的人力资源开发，确保法律援助经费和配套制度的供给。

其三是工会应发挥积极作用。工会将维护职工合法权益作为其主要职责，但恰恰在弱势群体中工会的组建率低，弱势群体权益保护成为工会的盲点，农民工被排斥在工会维权范围之外。建议工会应积极介入弱势群体劳动权益保护的领域，提高工会组建率，或成立专门的维权组织，关注弱势群体劳动权益的保护，使之纳入有组织、依法保护的轨道，减少或避免个人维权的弱势状况。

其四是应在全社会范围内进行劳动法制宣传教育活动，正确处理效率和公平的关系。在我国实行市场经济的20多年中，经济有了突飞猛进的发展，人民生活水平有了很大提高。但弱势群体却未能充分享受经济增长与扩张的好处，未能充分分享社会发展的成果。国家税收增加了，企业利润上去了，但就业岗位却减少了，弱势群体的劳动标准几乎处于停滞状态。造成这一问题的原因之一就是在全社会范围内未能正确处理效率和公平的关系，企业为实现利润的最大化，压低劳动成本，在"效率优先，兼顾公平"的口号下，地方政府，包括中央政府未能充分认识社会公平的重要意义，因而忽视弱势群体劳动权益的保护。因此，应在全社会范围内加强劳动法制宣传教育活动，认识劳动法不仅是劳动者权益保护法，也是社会本位法，强调社会利益的维护，强调社会公平，强调中央政府、地方政府、所有用人单位以及劳动者个人，在弱势群体劳动权益保护方面，在维护社会安定、社会安全方面都具有不可推卸的义务和责任。

失独家庭特殊保障问题研究

郑英龙

本研究报告是浙江工商大学法学院郑英龙副教授主持的中国法学会2013年度部级法学研究自选课题《失独家庭特殊保障问题研究》(课题编号CLS〔2013〕D145)的成果精粹。

一、本课题研究的基本观点

(一)确认国家为失独家庭补偿责任主体

基于国家计划生育政策与失独家庭损害之间具有因果关系,国家应作为补偿责任主体予以认定。

(二)对失独家庭应进行全面性与差异性保障

国家与社会应从物质和精神两个层面对失独家庭进行全面保障,同时注重对不同失独家庭各自需求的满足。

(三)建立胚胎预防制度

建立胚胎预防相关法律制度,以备高龄夫妇在丧失独生子女时并在合理年龄内申请再次生育,让失独夫妇也能老有所依,享受精神层面上的天伦之乐。

（四）建立脐带血预防疾病制度

为保障独生子女的健康，国家应为独生子女家庭提供资金建立脐带血保存等疾病预防制度。

二、本课题研究的主要内容

（一）引言

我国虽已有相应的失独家庭保障制度，但其保障力度有限，尤其是失独家庭精神层面的问题很难解决，因受血缘关系与传统文化思想影响，这种痛苦很难以收养子女等行为而被消除。我国《人口与计划生育法》对失独家庭无量化的扶助标准，并且各地的扶助内容及标准不一，有些地方仅以参照“三无”老人保障办法，现有的相关保障制度无法满足失独家庭对物质和精神保障的需求。而我国对失独家庭的保障只有相应的政策与参照办法，且未能考虑到失独家庭的特殊性，也远未对失独家庭的保障形成体系。所以，本研究报告拟论证失独家庭为国家利益做出特殊贡献的因果关系，确立了国家补偿责任的主体地位，基于物权归属、婚姻家庭关系、契约关系等理论提出失独家庭各项特殊保障制度，同时考虑到了失独家庭可能引发的一系列监护、养老、社会保障等社会问题，精神痛苦、生活孤独等情感问题和传宗接代的传统文化观念等问题，使失独家庭的物质保障和精神情感问题最终得到全面保障。

（二）国家保障失独家庭的法律依据

本研究基于私法与公法两个角度进行论述，认为国家应作为失独家庭保障的主要承担者。从侵权法角度看，失独家庭的损失与国家的计划生育政策存有一定的因果关系，基于侵权法上的公平责任原则，国家应承担相应的补偿责任；不同于“三无”老人的养老问题，失独家庭的形成涉及公民的权利和义务关系，基于对生育权的特别牺牲，国家应承担起相应的保障义务。

（三）失独家庭特殊保障的体系化

1. 建立失独家庭特殊保障体系的思路与原则。实现失独家庭体系化的特殊保障，应由国家、社会两个主体针对失独家庭在物质和精神层面上建立起二维一体的具体保障制度。遵循公平性、全面性、差异性等原则，应体现失独家庭为国家、社会所做贡献与获得国家、社会保障的公平性；应确保失独家庭在物质与精神上获得全面保障；应确保不同失独家庭的差异化需求得到具体保障。

2. 国家对失独家庭的特殊保障。应将失独家庭的特殊保障纳入国家预算，通过立法完善各项保障制度：①完善保险制度。国家在一定额度或比例内承担起为独生子女家庭购买商业保险的责任，针对独生子女家庭而建立相关的专项保险。②完善医疗制度。为失独家庭医疗提供便利条件，减免失独家庭身体医疗的相关费用，注重失独家庭的心理医疗，增设专门心理辅导机构。③完善养老制度。建立专项资金，增加失独家庭的补偿，对失独家庭实行居家养老、机构养老等多种养老方式相结合的养老机制。④完善独生子女保障制度。为保障独生子女的健康成长，国家提供专项资金建立脐带血保存等疾病预防制度。⑤建立胚胎预防及胚胎保护法律制度。为预防独生子女死亡风险，设立专项资金为其培植胚胎并储存，以备在丧失独生子女时并在合理年龄内再次进行生育（但其中许多问题有待深入研究，如胚胎在民法上的属性认定、胚胎的归属认定、医疗机构的责任承担以及夫妻双方的胚胎权利等法律关系）。

3. 社会对失独家庭的特殊保障。①设立相关社会组织和团体参与失独家庭救助，并成立失独家庭关怀基金，以实现对失独家庭的物质与精神保障。②设立相关网络公司等社会主体组建失独家庭之间的交流平台，组织失独家庭共同参与相关文化娱乐活动，以实现对失独家庭的精神保障。③规定社区及相关社会组织派遣劳务人员为失独家庭提供居家养老服务。④组建社会志愿者参与失独家庭的心理辅导及情感抚慰等。

4. 体外胚胎的相关法律问题。在我国，关于夫妻在离婚后对体外胚胎归属的纠纷已屡见不鲜。甚至出现了夫妻双方死亡后，其父母欲用体外冷冻胚胎保“血脉”而争夺胚胎的案件。关于体外胚胎的归属认定与处置，我国现行法律并无明确规定，为妥善处理体外胚胎所引起的纠纷，本研究将进行如下几方面的论述：

（1）体外胚胎的法律地位。在探讨体外胚胎的归属与处置之前，应首先明确其法律地位。关于体外胚胎的法律地位，目前主要存在“权利主体”、“一般财产”、“特殊物体”三种学说。而这三种学说恰恰都被美国戴维斯（Davis）诉戴维斯（Davis）一案的田纳西州三级审理法院所提及。关于体外胚胎，田纳西州巡回法院认为是“人”；上诉法院却认为是“纯财产”；最高法院则认为是“特殊或临时种类”。每种学说各有其理由。而在我国，“特殊物体”说能够较为妥当地揭示体外胚胎的法律地位。即体外胚胎不是自然人，也不是一般财产或物，而是一种类似于“胎儿”的一种“特殊物体”。

（2）有关体外胚胎归属与处置的国外判例。在国外判例中，法院往往采用不同的处理方式对胚胎归属与处置纠纷作出判决。这些处理方式主要有“利益平衡”、“合同自治”与“同期同意”三种。

（3）体外胚胎归属认定与处置的完善建议。本研究建议，我国应明确体外胚胎的法律地位对胚胎的归属认定与处置应采用合同约定与特殊处理相结合的方式并实现类型化处理。

①明确体外胚胎的法律地位。目前，我国法律并未对体外胚胎的法律属性进行明确定位，这在一定程度上影响了实践中体外胚胎的归属认定与处置。前文已阐述有关体外胚胎的“特殊物体”说在我国具有合理性。卫生与计划生育委员会和科学技术部基本上已对体外胚胎作了较为准确的定位，并进行了较为合理的规定。由此可知，利用体外胚胎生育必须符合计划生育的要求，并不是所有的体外胚胎都能获得发展成为人的机会。这表明卫生与计划生育委员会也否定了体外胚胎具有权利主体地位。但这些规定仅仅是部门规章的内容，其法律效力较低，未能全面解决与胚胎相关的问题。

为使胚胎归属与处置问题得到有效解决，本研究建议应从以下几个方面完善体外胚胎法律地位的规定。首先，法律明确规定体外胚胎是独立于人与物的第三种形态。在传统民法理论中，客观存在的事物被机械地划分为人和物两种形态。人被简单地归为权利主体、物则被归入权利客体。胚胎与胎儿相似，他们是民法上的一种“特殊物体”，其不但具有物的特点，而且也具有人的属性。因此，我国应突破传统民法理论的束缚，在现有法律修订或将来《民法典》的制定中将体外胚胎与胎儿列为独立的民事形态。其次，法律明确体外胚胎与胎儿在继承利益保护上具有一定的同等性。我国已确立胎儿继承的“特留份”制度。根据我国《继承法》第 28 条与最高人民法院《关于贯彻执行〈继承法〉若干问题的意见》第 45 条之规定，胎儿的继承利益得到保护。体外胚胎与胎儿都具有活体出生的机会，只不过前者在母体之外并能长期保存。因此，体外胚胎的继承利益也应受到保护，但也要受到一定限制。我国《继承法》将来修订时可以针对体外胚胎的继承作如下规定，“体外胚胎参照胎儿继承的相关规定，但体外胚胎必须在一年内植入母体并活体出生”。最后，将与体外胚胎相关的部门规章之规定上升为法律之规定。目前，我国科学技术部和卫生与计划生育委员会已对体外胚胎的研究、买卖、赠与等作了相应的禁止性规定，这些规定在规范体外胚胎的使用、研究等方面具有合理性。因此，我国可以将这些规定增补于相关法律或单独制定《体外胚胎保护法》。

②体外胚胎的归属认定与处置。体外胚胎既可以是已婚夫妻所提供精子与卵子的结合，也可以是捐赠者所提供精子或卵子的结合。本研究主要探讨前一种情况下体外胚胎的归属认定与处置问题。

体外胚胎是一种“特殊物体”，其不仅具有发育成人的潜力，而且其本身蕴含着夫妻双方的遗传基因。因此，除相关法律规定外，对体外胚胎的归属认定与处置应充分尊重夫妻双方的意思自治，即只有夫妻双方有权对体外胚胎进行处置。生育和不生育都可以由夫妻做出自由选择。对于体外胚胎的归属与处置，本研究主要提出以下解决方案：第一，只有夫妻对胚胎享有权利，体外胚胎不得被继承。体外胚胎源于夫妻双方的贡献，其中含有夫妻的遗传基因。只有夫妻双方有权决定体外胚胎的使用，任何第三人都无权决定胚胎的使用。体外胚胎并非一般财产，其不应被买卖、赠与或继承。当夫妻双方死亡，而他们生前并无将胚胎捐赠的共同意愿表达时，胚胎只能被销毁。第二，夫妻双方可以对胚胎的归属与处置签订书面合同，当一方在离婚后违约时，合同不能被强制执行，但另一方可以要求违约方承担损害赔偿责任。夫妻可以约定双方在离婚、死亡等情况下，将胚胎销毁、留予一方保存或捐赠。夫妻所签订的体外胚胎归属与处置合同仅适用于夫妻离婚、双方或一方死亡之情形。在婚姻关系存续期间，体外胚胎归夫妻双方共同所有，对胚胎的合法处置，需经夫妻双方的一致同意；夫妻双方对胚胎的处置无法达成合意时，体外胚胎只能被销毁。在离婚时，一方可以要求违约方承担损害赔偿责任。例如，夫妻双方约定在离婚时将胚胎留予女方继续冷冻保存，但男方在离婚时反悔，此时胚胎只能被销毁。为此，男方应向女方承担违约责任。第三，夫妻双方可以约定体外胚胎归一方保存，但另一方应放弃可能成为父亲或母亲的一切权利和义务。当夫妻离婚时，保存胚胎的一方可能会再次利用胚胎进行生育。此时，放弃胚胎一方相当于一个精子或卵子的捐赠者。根据《人类辅助生殖技术和人类精子库伦理原则》之规定：“医务人员有义务告知供精者，对其供精出生的后代无任何的权利和义务。”此种胚胎归属约定亦类似于一种收养协议。我国《收养法》第11条规定：“收养人收养与送养人送养，须双方自愿。”第23条第2款规定：“养子女与生父母及其他近亲属间的权利义务关系，因收养关系的成立而消除。”据此，放弃胚胎一方同时放弃了作为父母的权利和义务。第四，禁止无配偶者、代孕与违反计划生育者使用胚胎生育。无配偶者利用胚胎生育，将导致出生婴儿无法获得双亲家庭的温暖。代孕生育容易引发“借腹生子”的伦理问题与法律纠纷。我国《宪法》第49条第2款规定：“夫妻双方有实行计划生育的义务。”《婚姻法》第16条规定：“夫妻双方都有实行计划生育的义务。”《人类辅助生殖技术规范》要求“实施技术人员”禁止给不符合国家人口和计划生育法规和条例规定的夫妇和单身妇女实施人类辅助生殖技术；禁止实施代孕技术。由此可知，无配偶者、代孕、违反计划生育者都不得利用体外胚胎进行生育。第五，夫妻应与医院签订体外胚胎保存的知情同意书，在无协议约定的情况下，医院应将胚胎保存一段时间后予以销毁。夫妻应与医院在胚胎保存之前签订相关书面协议。《人类辅助生殖技术和人类精子库伦理原则》规定：“人类辅助生殖技术必须在夫妇双方自愿同意并签署书面知情同意书后方可实施。”当医院与夫妻在胚胎保存方面出现纠纷时，按照合同约定予以处理。当无协议约定时，医院不得对胚胎进行研究，其应当及时告知储存胚胎夫妇或向社会公告3个月。在储存胚胎的夫妇无任何回复时，医院可销毁胚胎并可以基于“不当得利”要求夫妇承担相应的储存费用。第六，特殊情形的例外，夫妻一方可以突破合同约定，获得胚胎的使用权或处置权。例如，在夫妻离婚时，一方已丧失生育能力，其可以违反先前合同约定而获得体外胚胎，同时依据“儿童最大利益保护”原则，其必须经再婚配偶同意后进行生育。在夫妻一方死亡而无合同约定时，生存一方配偶有权于再婚配偶同意的情况下利用体外胚胎进行生育。

（4）小结。本研究所讨论的体外胚胎法律问题可解决我国实施胚胎预防制度时的基础法律问题，也可完善我国《婚姻法》、《物权法》、《侵权责任法》等相关理论。若将胚胎预防制度纳入失独家庭精神保障研究，失独家庭的精神痛苦、生活孤独等情感问题和传宗接代的传统文化观念问题可得到一定的解决。但由于学界对实施胚胎预防制度过程中的复杂法律问题未能深入研究且形成体系，也未有学者将胚胎预防制度纳入失独家庭的精神保障进行研究，所以对实施胚胎预防制度的申请条件、申请程序及纠纷解决机制等问题还需进一步进行深入研究。

以生存权视角看宅基地腾退或征收中应如何补偿宅基地使用权人利益

赵红梅

本研究报告是中国政法大学民商经济法学院赵红梅教授主持的中国法学会2013年度部级法学研究自选课题《宅基地使用权的基本属性与发展趋势》（课题编号CLS〔2013〕D165）的成果精粹。

民法学者从财产权角度看来，在宅基地腾退或征收中，针对宅基地使用权及地上物所有权实施的补偿，是对权利人的合法财产权因被强制腾退或征收而彻底失去利益依托的充分、合理补偿，而现在的宅基地腾退或征收补偿标准还比较低（原因在于，大部分本应归属被征地村民的被腾退或征收土地利益被国家拿去出让国有建设用地使用权收取出让金了），因而，应还这部分利益于被腾退或被征收村民，大幅度提高补偿标准。理想的设计是：完全按市场流通价格补偿。腾退或征收补偿法定标准的适度提高，能普遍增加被腾退或被征收村民的收入、提高其失地后的生活水平，对他们而言确有裨益。

我作为经济法、社会法学者从生存权视角看来，在宅基地腾退或征收中，针对宅基地使用权及其地上物所有权实施的补偿，是对权利人财产权和生存权因被强制腾退或征收而彻底失去利益依托的充分、合理补偿，不能仅强调对权利人财产权利益的补偿进而盲目扩大对财产权利益补偿的限度，还要凸显对权利人生存权利益的保障。首先，这一块是对被腾退或被征收村民此前享有的合法财产权利益和生存权利益的补偿，充分、合理的补偿是为了使这些利益原本发挥的功能得以延续而不至因此而中断或者不确定。

在宅基地腾退或征收中，补偿主要涉及针对宅基地使用权及地上物的货币补偿和针对宅基地使用权人的“回迁安置房”实物补偿两大块（营业损失补偿、搬迁费补偿等在此略）。以下做具体分析论证：

一、针对宅基地使用权及地上物的货币补偿

这一块是对宅基地使用权人享有的合法财产权利益和生存权利益的补偿，充分、合理的补偿是为了使这些利益原本发挥的功能得以延续而不至因其宅基地腾退或征收而中断或变得不确定。补偿的对象主要包括两大部分：其一，宅基地使用权。宅基地使用权属于无偿分配取得的集体内部福利，数量有严格控制（“一户一宅”且面积不得超标），所以假设人们长期以来一直严格遵守执行相关法律政策，在相同或者相近区位，宅基地使用权人得到的具有生存权本质属性的宅基地使用权利益补偿应该是相对均衡的，不会出现很大差别。但在实践中，近些年这部分利益补偿却出现很大差别①，如有的一户村民就占用 5 处宅基地，总占地面积逾千平方米。例如，在对山东省栖霞市农村宅基地使用状况调查中，调查者发现栖霞市 28.65%的农户属于一户多宅，最高的村镇竟高达 49.97%。这皆因一些地方长期以来不严格执行相关法律政策，使得一些村民特别是村干部或与村干部有密切关联的村民，通过不申请擅自占用、少申请多占用、申请新的不退还旧的、流转、继承等实际占用了多宗或者超面积的宅基地。这“致使农村变成了‘空心村’，造成了土地资源的严重浪费，给本来就很紧张的集体土地资源又增加了压力”。又如，在河北存在这样一个案例，“2012 年 1 月以来，河北省唐山市空港城开发区三女河办事处崔家屯村多位村民在网上实名举报崔家屯村村支书李某东一户六宅的问题”。“四分之一的村民连一个宅基证都没有，而作为一村之首的村支书一人却拥有六个宅基证，这个村支书被部分村民戏称为‘唐山市史上

---

① 不相同或者相近区位的宅基地使用权人，如北京市海淀区和门头沟区的村民，得到的具有生存权基本属性的宅基地使用权利益补偿应该会出现很大差别，但这基本也是公平合理的。因为，腾退或征收补偿只是延续被征收人过去的利益，使之不因此而失去生存保障，降低生活水准。北京市海淀区的村民得到补偿款后也通常会就近居住而不会迁居到门头沟区居住。

拥有宅基证最多的村支书'。”而且经当地土地管理部门核实已审核批准确权的宅基地六处，程序合法，要件齐全，空港城开发区国土资源局分局认定为合法有效。后经过市级国土资源部门复查，认为根据《土地管理法》、《河北省农村宅基地管理办法》等，被反映人李某东拥有多处宅基地，属于违法行为。实际上，根据村民反映的实际情况，该村支书六处宅基地至少有四处宅基地没有缴纳任何宅基地占地款或建房费，完全属于利用自身的职权和地位擅自占用宅基地。在腾退或征收补偿中，对这部分超过生存权界限的利益是否按财产权理论做实际的补偿，是本课题下一步应重点研究的问题。可见，宅基地使用权的补偿，偏重考虑生存权利益因素。这是因为，给失地村民充分、合理的补偿是为了使宅基地使用权利益原本发挥的保障村民最基本居住生存的功能得以延续而不至因土地腾退或征收而中断。其二，地上物所有权。这部分一般属于宅基地使用权人自行建造，所以建筑面积（在同样面积的宅基地上呈现不同的容积率）、造价估值（通常按重置价格结合成新估值①）通常差别很大。对这部分利益如何补偿也有很多问题需要研究，并非仅仅按实际的建筑面积和造价估值（当然这两点在腾退或征收补偿的评估中都要重点考虑），补偿要考虑的其他重要因素包括：地上物所依托的宅基地使用权是否合法（注意有判断合法非法的时间界点）以及其建造是否符合城乡规划（注意有判断合法非法的时间界点），若否，则属于违法（违章）建筑，不予补偿或仅给予少量象征性补偿；地上物的人均面积，是否人均面积越高则补偿标准越低；功能是单具生活功能还是兼具生活功能和简单生产经营功能，两者是否有配比的面积或者比例上限。可见，地上物的房屋所有权的补偿，偏重考虑财产权利益因素，但也并非不考虑生存权利益因素。

---

① 建设部关于发布国家标准《房地产估价规范》（该版本目前已失效，现行有效的为 2015 年 4 月 8 日发布的版本）的通知 6.7.5：“实行作价补偿的，可根据当地政府确定公布的房屋重置价格扣除土地价格后结合建筑物成新估价。”（本条规范是根据已经失效的《城市拆迁管理条例》规定的。）同时，《广州市集体土地房屋拆迁补偿标准规定》第 9 条规定，“实行货币补偿的，货币补偿金额根据被拆迁集体土地住宅房屋的重置成新价和宅基地土地使用权区位补偿价确定。计算公式：货币补偿金额=被拆迁集体土地住宅房屋重置成新单价×被拆迁居住房屋建筑面积+宅基地土地使用权区位补偿单价×核定的补偿面积”。《北京市集体土地房屋拆迁管理办法》第 14 条规定：“拆迁宅基地上房屋实行货币补偿的，拆迁人应当向被拆迁人支付补偿款。补偿款按照被拆除房屋的重置成新价和宅基地的区位补偿价确定。房屋重置成新价的评估规则和宅基地区位补偿价的计算办法由市国土房管局制定并公布。按照前款规定对被拆迁人给予货币补偿的，不再进行房屋安置或者另行审批宅基地。”

二、针对宅基地使用权人“回迁安置房”的实物补偿

已经对宅基地使用权及地上物所有权以及其他一些相关应依法补偿的损失进行了利益补偿，那为什么还需要针对宅基地使用权人另外提供“回迁安置房”进行实物补偿呢？在近似于宅基地腾退或征收的原来实行的城市房屋拆迁中，实施原地或异地回迁房安置非常必要。因为，不同城市居民的住房条件普遍有限，经常出现大城市市中心 10 平方米建筑面积的平房中蜗居一家 5 口老少三代人的情况。此时如果只按被拆迁住房建筑面积对被拆迁人进行财产利益补偿而不为其提供实际可替换的居所，就剥夺了其基本生存权——其拿到手的大城市市中心区 10 平方米建筑面积的平房的补偿款或许只够买同地段商品住房的一间厨房。所以，在城市房屋拆迁中，就通过实施住房安置解决这部分被拆迁人群的居住困难，为他们提供拆迁安置房（可低价购买或者承租）。各地的拆迁安置房机制近些年已经逐步与经济适用房和廉租房机制合并。在宅基地腾退或征收中，出现前述问题的可能性较小，因为村民与城镇居民获取住房的机制根本不同，村民获取宅基地使用权的机制是均衡的，村民的住房面积都相对较大，不太会出现 10 平方米建筑面积的平房中蜗居一家 5 口老少三代人的情况。农村或许会出现一些村民因贫穷建不起像样房子的情况，但我们知道，申请取得宅基地使用权是无偿的，与财富多寡无关，建造得起什么样的地上物才与财富多寡有关。而我们还知道，在宅基地腾退或征收中，针对宅基地使用权本身的补偿才是补偿的重中之重，相反针对地上物所有权的补偿通常仅按重置价格结合成新估值往往很低（老百姓俗称“砖瓦钱”），所以，即使因贫穷建造不起像样地上物的村民，只要其无偿申请取得了宅基地使用权并且不长期闲置它，一般也不会出现其拿到手的补偿款只够买同地段商品住房一间厨房的情况（在城中村中或许有这种情况存在）。已经针对宅基地使用权及地上物所有权进行了利益补偿，还需要针对宅基地使用权人提供“回迁安置房”进行实物安置，原因其实在于：近年来，房地产价格一路飙升，尽管针对被腾退或被征收村民的补偿标准已大为提高，但面对高昂的商品房价格，被腾退或被征收村民依然发现，领取的不菲补偿金还是难以保证他们买得起满足基本生活需要甚至良好生活愿望的新商品住房。为解决这一矛盾，腾退或征收人就在补偿之外，另外为被腾退或被征收村民提供仅相当于同区位商品

住房市场售价 1/3 到 1/4 价格水平的“回迁安置房”供其选购以为未来居住之用。价格低廉的“回迁安置房”实际为腾退或征收人给予被腾退或被征收村民的第二次利益补偿，因价格低廉，故只能由被腾退或被征收村民限量购买。一般根据可买回迁安置房人头面积乘以每户取得回迁安置房购买资格的实有人数就可以计算每户可享受的“回迁安置房”总面积，在总面积限额以下每户可以用其得到的货币补偿款的一部分冲抵“回迁安置房”购房款，每户冲抵的“回迁安置房”购房款一般占到其可以拿到的全部货币补偿款的 1/2 到 2/3，每户的情况不同比例不等，但一般都可有结余。以我们课题组实际调研的北京市丰台区长辛店乡辛庄村为例，假设一个普通三口之家，拥有 180 平方米的宅基地，建筑面积 120 平方米。按照该城中村改造的计划和规定，对宅基地补偿不会低于每平方米 1 万元，这里就按 1 万元计算；对房屋的补偿为每平方米 800 元或 1200 元，这要视房屋的状态而定，在此我们取中间数每平方米 1000 元。安置回迁房的面积每人可申请 50 平方米，房屋单价为每平方米 4200 元。以此计算，该户人家所得宅基地地上房屋的总补偿款为 10000×180+1000×120＝1920000 元，其回购 150 平方米的房屋所花费为 4200×150＝630000 元，这甚至未占到补偿款的一半。因此，其购房后的剩余款项还是很多的。

在我们以生存权保障视角看来，在宅基地腾退或征收中，补偿考虑的重点应该主要是被腾退或被征收村民本身的生存需要——延续过去有尊严的生活特别是未来过上有尊严的生活应具备的基本居住条件。深圳城中村拆迁造就多名亿万富豪，绝对不是以生存权保障思路来处理宅基地腾退或征收补偿问题的。一户家庭过上有尊严的生活根本不需要亿万财富。所以在宅基地腾退或征收补偿标准确定的情况下，为实现被腾退或被征收村民生存权保障，就需要判断一户被腾退或被征收村民家庭及其哪些成员为适格的被腾退或被征收补偿对象。判断不能仅以这户家庭及其成员拥有的宅基地使用权及地上物的数量和估值为基本依据。如果一户被腾退或被征收村民通过不申请擅自占用、少申请多占用、申请新的不退还旧的、流转、继承等实际占用 5 处宅基地，占用宅基地总面积近万平方米，地上物逾千平方米，也不能按照这些“财产”面积和估值给予其补偿，因为这些“财产”许多都是不合法取得的，应予以扣除。

《北京市集体土地房屋拆迁管理办法》第 18 条规定，拆迁补偿中认定的宅基地面积应当经过合法批准，且不超过控制标准。未经合法批准的宅基地，不予认定。《北京市建设征地补偿安置办法》第 18 条规定：“违法建设、违法占用土地的，涉及的土地附着物不予补偿。征地公告发布后，在征地范围内新种植的青苗、经济作物、林木等，不予补偿。”

而深圳市则采取了区别对待的方法。《深圳市人民代表大会常务委员会关于农村城市化历史遗留违法建筑的处理决定》第 5 条规定：“经普查记录的违法建筑，市政府应当区别其违法程度，根据本决定以及土地利用总体规划、城市规划和土地利用计划的要求，分别采用确认产权、依法拆除或者没收、临时使用等方式，分期分批处理。”第 6 条第 1 款规定：“经普查记录的违法建筑，符合确认产权条件的，适当照顾原村民和原农村集体经济组织利益，在区分违法建筑和当事人不同情况的基础上予以处罚和补收地价款后，按规定办理初始登记，依法核发房地产证。”第 12 条第 2 款和第 3 款规定：“经处理确认产权的违法建筑，因实施城市规划、旧城（村）改造、公共基础设施建设等公共利益需要拆迁时，依法予以补偿。经普查记录的违法建筑，除经处理确认产权或者未申报的外，位于原农村非农建设用地红线内或者位于原农村非农建设用地红线外但建设行为发生于农村城市化之前且由原村民或者原农村集体经济组织兴建的，依法拆迁时，给予适当补贴。”正因深圳市政府采取的区别对待违法建筑的政策，所以很多违法建筑在确认产权后，在拆迁时得到补偿，没有确认产权的也可以有适当补贴。在深圳的拆迁补偿金日益高涨的情况下，因拆迁而产生亿万富翁也就不足为奇了。但是，深圳城中村拆迁造就多名亿万富豪在我们看来是有问题的。判断是否为补偿对象，很重要的一点就是以这个家庭及其成员是否在该集体经济组织所在地生产、生活，并依法登记为常住户口为基本依据。比如，外出求学的原农村集体经济组织成员，毕业后在城市形成较为固定的生产生活基本条件，不依赖于农村集体土地，则应认定其丧失集体经济组织成员资格；因求学将户口从农村集体迁出，但其仍在户口迁出地的集体经济组织生活，则仍应具有农村集体经济组织成员资格，可以享有土地补偿安置利益。① 户口表征的是被征地村民“人”的情况而非财产的状况，也只有“人”，才需要有尊严与生存权保障。

在此，还有必要解释一下这个问题：既然宅基地使用权是被腾退或被征收村

① 详情参见重庆市大足县人民法院，“黄某诉大足县某某镇某某村四组侵犯集体经济组织成员权益纠纷案”（[2011] 足法民初字第 02734 号）；安徽省铜陵市狮子山区人民法院，“姚某霞诉西湖镇狮子山村庙塘村民组征地补偿费纠纷案”（[2005] 狮民一初字第 136 号）。

民通过无偿分配取得的，我们又主张对其补偿偏重于考虑生存权基本属性，那为什么还要就宅基地使用权按区位和面积补偿给被征地村民那么高的货币财产利益[①]呢？同时，前文介绍，被腾退或被征收村民一般每户冲抵的“回迁安置房”购房款占到其可以拿到的全部货币补偿款的1/2到2/3，每户的情况不同比例不等，但一般都可有结余，据我们调查有的结余几十万，有的结余一、二百万，正如上面所计算，北京市丰台区长辛店乡辛庄村的一个普通三口之家补偿款结余接近130万元，这主要是由于宅基地使用权补偿高导致的，还能说该补偿是偏重考虑其生存权利益因素吗？我们就此解释如下：其一，在宅基地腾退或征收中，针对地上物所有权的补偿通常仅按重置价格结合成新价计算往往很低，只有建筑面积1000元/平方米左右[②]，如果不针对宅基地使用权做任何补偿，则解决被腾退或被征收村民今后的居住生存问题，就必须再次无偿供地（提供实物福利），同时“回迁安置房”售价也只能大致相当于建安成本。而实际情况却是，“回迁安置房”售价远远高于建安成本。例如，北京市丰台区长辛店乡辛庄村城中村改造“回迁安置房”售价建筑面积4200元/平方米，参考北京的一般建安成本水平，该“回迁安置房”的建安成本大致为建筑面积2000元/平方米。也就是说，“回迁安置房”售价中包含了一定的土地及其他成本。虽然，国家对“回迁安置房”用地在办理腾退或征收手续后按国有划拨土地处理不收取国有建设用地使用权出让金，但项目的开发建设单位在腾退或征收中也已经为对被腾退或被征收村民负担补偿（含宅基地使用权补偿）义务付出了较大成本，这些成本也就体现在“回迁安置房”售价之中。其二，被腾退或被征收村民入住“回迁安置房”后要进行室内装修和添置家具电器，结余正好派上用场。其三，“回迁安置房”只能由被腾退或被征收村民限量购买，如北京市丰台区长辛店乡辛庄村城中村改造“回迁安置房”，拆迁居民可买回迁安置房按人头面积来算只有建筑面积50平方米，三口之家也就是建筑面积150平方米。一般来说小于被腾退或被征收村民原宅基地上地上物的建筑面积。根据《北京市实施〈中华人民共和国土地管理法〉办法》第40条规定，“农村村民宅基地的标准，近郊区以及远郊区人多地少的地

① 上文也提到了，北京市丰台区长辛店乡辛庄村对于宅基地的补偿款为每平方米1万元，远远高于对地上房屋的补偿，成为“城中村”改造腾退、征收补偿的主体部分，用高价货币进行补偿计量体现出宅基地使用权极强的财产权的属性。

② 根据课题组调研情况，北京市丰台区长辛店乡辛庄村对地上房屋及补偿按照房屋状况给予每平方米800元或者每平方米1200元的补偿，每平方米1000元作为中间数。

区，每户不得超过0.25亩，其他地区每户不得超过0.3亩。具体标准由区、县人民政府规定”。《广东省实施〈中华人民共和国土地管理法〉办法》第36条第1款规定：“农村村民一户只能拥有一处宅基地，新批准宅基地的面积按如下标准执行：平原地区和城市郊区八十平方米以下；丘陵地区一百二十平方米以下；山区一百五十平方米以下。”在建筑面积方面，一般三口之家可能在120平方米左右，加上附属设施总建筑面积与回迁后差距应该不是很大。

同时，被腾退或被征收村民原来的居住模式大多是平房，有院落（院落有休闲和简单生产经营功能），这令他们感觉生活舒适惬意又比较方便，而“回迁安置房”一般都是楼房居住模式，这令他们感觉有遗憾之处。可以说，被腾退或征收村民失去原来的宅基地使用权及其上地上物所有权，若仅得到限量买受并迁入“回迁安置房”的待遇，在利益上是吃亏了的。前文不是说充分、合理的补偿是为了使这些利益原本发挥的功能得以延续而不至因土地腾退或征收而中断或变得不确定吗？结余正好填补了这一亏空。可见，对宅基地使用权的补偿即使偏重考虑生存权利益因素，也还要就宅基地使用权按区位和面积补偿给被征地村民较高的货币财产利益，否则宅基地使用权作为保障生存权利益原本发挥的功能就未得以延续。

深入推进我国就业促进立法

李　雄

本研究报告是西南政法大学经济法学院副院长李雄副教授主持的中国法学会2014年度部级法学研究一般课题《健全促进就业创业体制机制法律问题研究》（课题编号CLS〔2014〕C43）的成果精粹。

依法促进就业是世界各国的共同选择。在全面深化改革及依法治国背景下，在我国如何促进就业面临新的挑战与机遇。深入推进就业促进立法，建立健全促进就业创业的法律新常态，既是当前的一项重点领域立法，也是实现我国就业促进法法治化和现代化转型的关键。主要方略为：革新就业促进理念，引领整个立法方向；研究体面就业指标体系，为实现更高质量就业提供法律依据；建立健全就业促进激励机制，发挥市场机制的应有作用；制定平等就业法，推动劳动用工法治化。

从世界范围来看，依法促进就业是各国立法的优先目标。《中共中央关于全面深化改革若干重大问题的决定》指出，建设统一开放、竞争有序的市场体系，是使市场在资源配置中起决定性作用的基础。健全促进就业创业体制机制，建立经济发展和扩大就业的联动机制，健全政府促进就业责任制度。《中共中央关于全面推进依法治国若干重大问题的决定》指出，加强重点领域立法，依法保障公民权利，加快完善体现权利公平、机会公平、规则公平的法律制度。“十三五”规划进一步指出，促进就业创业。顶层设计不断突出依法促进就业，不仅关乎广大劳动者基本权利保障的法治化，也是国家治理能力现代化转型的一项重要政治目标，应成为当前国家的一项重点领域立法。

一、我国就业促进立法面临新挑战

一是灵活就业带来的挑战。灵活就业是在 20 世纪 70 年代后，伴随着国际市场竞争日趋激烈，产业形态不断更新，科技发展以及文化理念变化等就业方式发生重大变化而出现的，是指在劳动时间、劳动报酬、工作方式、工作场地等方面具有灵活性的就业形式，其具体形态包括非全日制就业、阶段就业、临时工、小时工、劳务工、承包工等不同的就业形式。在灵活的就业背景下，劳动者单位就业不断弱化，单位人向社会人、固定人向流动人、正规就业向非正规就业转变力度不断加大，社区化、小型化、自我就业等比重日益增大，就业形态多样化，带来就业关系多样化。特别是随着信息技术快速发展和运用，市场分工不断深化，就业形态日趋多样化，就业关系日趋复杂化。然而，现有就业促进立法是以传统的、一般的、典型的劳动关系为规制对象而诞生和发展起来的，面对当代社会发展中呈现的就业与用工的多元化、灵活化趋势，[①] 传统就业法已在诸多方面显得力不从心。灵活就业兴起带来最直接的挑战是就业法如何确认各种劳动用工关系，如何回应就业法调整中劳动法的价值承载与劳动效率之间的关系。

二是就业“双轨制”带来的挑战。目前，以户籍制度为核心隔离的就业体制即“老双轨制”尚未根本性破除，以标准用工和非标准用工并存的“新双轨制”问题日渐突出，形成新的路径依赖。双重双轨制就业模式是中国经济社会转型与就业制度改革的一大特色，成为就业立法改革的一大难题。其中，较为突出的问题有：国有企业劳动用工依然存在“能进不能出、能上不能下”的多轨制用工问题；事业单位用工制度并轨改革进程依然缓慢，核心是绩效工资改革尚不能有效推进事业单位用工的高效发展，市场化的招聘与退出用工机制尚未真正建立起来；公务员用工制度改革有被异化的迹象，核心是在公务员分类管理基础上的用工机制、激励机制、留人机制与保障机制等尚未系统建立，导致公务员用工改革中一度出现人不好进、在岗人员心不在焉、一些优质人才流失的“并发症”现象。

---

① 关于灵活就业的规模，根据原劳动和社会保障部 2002 年 12 月全国城市劳动力就业和社会保障随机抽样调查显示，全国城镇灵活就业人数约为 1.5 亿，占就业总人数的 20.3%。参见石美遐：《非正规就业劳动关系研究》，中国劳动社会保障出版社 2007 年版，第 25 页。

三是城镇化与经济转型带来的挑战。城镇化是实现城乡统筹发展的重要战略步骤，其关键是人的城镇化，而人的城镇化的一大根本则是推动实现进城人员创业和就业。现有就业法针对的就业群体主要是单位就业、长期就业和标准就业中的劳动者，有其特定性和狭隘性，还无法全面覆盖国际社会普遍保护的各种灵活就业人员。同时，受国际经济形势和国家实施新经济政策的双重影响，产业结构与形态不断调整，不仅一些传统的制造业面临转型升级，而且新经济催生的新的产业关系和新的劳动就业形态也不断涌现。就业立法如何回应经济转型带来的这些变化，如何在坚持劳权保障的同时充分发挥就业立法的促进功能，实现公平与效率的最佳平衡，是当下及未来必须认真对待的又一重要课题。

四是经济全球化带来的挑战。在经济全球化纵深发展与后金融危机背景下，国际经济竞争日益关注产品背后的劳工权益保障、环境保护等问题，把这些作为跨国企业能否进入国际市场的一道“门槛”。在中国的当下，产业提振、经济滞胀、基尼警戒和环保底线等之间的抵牾显现相当程度的“蝴蝶效应”，不仅作为世界工厂的许多企业正面临诸如环境公害、损害劳工合法权益等发展陷阱，而且政府一贯以降低劳动用工标准来换取发展的探底竞争策略也正在“囚徒困境”中反思并积极转型。较为明显的例子为：国家近年来提出一系列包容型发展理念，明确要求经济社会发展要与广大劳动者的“体面就业”协同推进。党的十八大报告更是进一步明确指出，要实现更高质量就业。如何使这些来之不易的新政观念与理念最终落地并为广大劳动者带来改革福祉，一个关键措施是密切关注国际劳工标准发展，深入推进就业促进立法的法治化和现代化转型，全面提升劳动者权益的法治化保障水平。

五是就业促进的激励机制尚未有效建立健全。就业促进的重心在于促进本身，而促进的关键则是依法建立相应的激励机制。《就业促进法》尽管规定了若干政策支持与就业服务内容，但对就业促进中如何准确定位政府与市场关系及作用边界、如何发挥市场机制的主导作用、如何破解中小微企业吸收就业的优惠及豁免难题、如何建立健全劳动者自我责任意识与就业能力自我提升制度体系、如何解决通过创业带动就业中的市场主体与权利义务等问题、如何与社会保险政策协调配合并全面构建以激励就业为主导模式的社会保险制度等重要问题规定不足，使就业促进的激励机制尚未真正有效建立。

二、深入推进我国就业促进立法

依法促进就业是当今世界各国的共同选择，在劳动立法体系中占据着基础性和全局性地位。在全面深化改革与依法治国背景下，深化我国就业促进立法改革，应主要围绕如下四个方面系统推进：

一是革新就业促进理念。就业是民生之本、安邦之策，世界各国都非常重视依法构建促进就业的长效机制。我国就业制度市场化改革发展取得了巨大成就，面对日新月异的经济形势与就业环境，特别是伴随着知识经济突飞猛进与全球化纵深发展，传统大型企业尤其是劳动密集型企业不再能够承担起支撑我国促进就业的主要任务，我国也不可能再依靠“低劳动力成本”竞争模式打天下了，面对经济新常态对就业的冲击，未来一个时期，全球就业岗位竞争形势将不断严峻化，中国也将面临更大的就业压力。如果不处理好就业问题，这些起初呈结构性的就业压力就会因为就业岗位转移、外包甚至被高科技取代而转变为巨大的就业总量矛盾。对此，国家应跳出就业看就业，站到新的高度并以更加开阔的视野来看就业，积极推进就业立法改革发展，首先要实现就业促进理念的革新，通过从“人口红利”向“改革红利”、“制度红利”、“创新红利”的根本转型，就可能在顺利实现经济升级转型的同时全面依法构建一种就业新常态，实现我国从人口大国向人力资源大国的重大转型，构建一种引领未来可持续发展的人才竞争和人才红利新模式。

二是加快研究并出台体面就业的指标体系。党的十八大报告指出，要推动实现更高质量的就业。从近期看，国家除了应在确立就业数量与质量并举的就业新战略、制定平等就业规则并改变我国企业长期依靠低劳动力成本探底竞争的“囚徒困境”、建立更加精细化的政策体系等方面全面推进外，还应从就业机会的公平性、核心劳动标准的保障性、劳动关系的和谐性、可就业力的增进性以及就业环境的人文安全性等维度，着手研究并建立测量就业质量的多层次、多维度的指标体系，既要注重不同就业群体就业质量的差异性，也要确保不同层级劳动者在核心劳动标准上的趋同性，还要注意就业质量与经济发展水平的相适应性。同时，国家应加强对灵活就业群体、城市困难就业群体、女性劳动者、残疾人、农民工等特殊就业群体的就业质量研究，建立针对性和实效性强的政策支持体系。

三是建立健全依法促进就业的激励机制。《中共中央关于全面深化改革若干重大问题的决定》指出，让市场在资源配置中起决定性作用。在劳动力资源配置的效率问题上，至今尚无比市场机制更好的选择，关键是要处理好政府与市场的关系。有三条重要发展思路值得重视：首先，依法构建政府促进就业的责任体系，主要包括依法建设平等就业的制度环境、依法建设服务人力资源市场的能力、依法推进企业社会责任建设、依法加强对人力资源市场监督体系的建设等。其次，与有关劳动立法协同配合，以建立健全区别对待制度为核心，对不同主体配置不同的权利和义务，对中小微企业实施合理的优惠及豁免政策，激励其吸引更多的劳动者就业。最后，积极关注西方福利国家就业政策改革中“工作福利”理念与实践，[①] 培育劳动者自我责任意识与就业能力自我提升体系，[②] 强化国家对劳动者职业培训投入的义务。

四是制定平等就业法推动劳动用工法治化。就业法的一个核心是就业权保障的法治化。国际人权公约关于就业权的规定主要包括两个方面：一是从正面规定人人享有平等就业权，二是禁止就业歧视。在依法治国背景下，作为一项关乎基本民生与社会和谐的重要领域立法，制定平等就业法是对《中共中央关于全面推进依法治国若干重大问题的决定》提出的加快完善体现权利公平、机会公平和规则公平的法律制度的积极回应。同时，正面建设平等就业权的一个关键措施是依法反就业歧视，平等就业权本身不能取代反就业歧视。平等就业法在依法保障平等就业权的同时应为依法反就业歧视留下必要的制度空间，使两者相辅相成，相得益彰。综观国内外促进平等就业与反就业歧视的共同经验及发展趋势，相比制定反就业歧视法而言，制定一部平等就业法更符合我国国情。

① 在全球化与新经济背景下，国家促进就业的理念已从传统的“国家福利”向“工作福利”积极转型。工作福利早在凯恩斯所倡导的充分就业和贝弗里奇提出的国民最低保障的理念中就有所体现。工作福利产生的社会背景是：在以往充分就业的条件下，人们可以通过雇主和雇员对社会保险的投入获得一个相对稳定的收入保障；但在新的社会背景下，人们生活在一个风险社会中，就业日益不稳定，雇佣状况的不确定性意味着社会保险缴费与获得保障津贴的日渐脆弱。这就迫使人们主张工作福利理念，强调通过努力工作为自己的生活和福利状况提供保障。（参见林卡、陈梦雅：《社会政策的理论和研究范式》，中国劳动社会保障出版社 2008 年版，第 199 页）从“国家福利”到“工作福利”改革的总体趋势是要增强个人在就业中的责任，反对把促进就业的责任都往政府身上推的倾向，但又不能放弃政府应有的责任。

② 就业能力是“可就业性”的核心内涵。“可就业性”是欧美劳动力市场出现的一种新的就业概念，其核心是可被雇佣性，反映了找工作的人在劳动力市场中受欢迎、受重视的程度和可选择的可能性，其基本任务是防止并解决长期失业和青年失业的问题，其主要手段包括职业教育、职业培训以及积极的劳动力市场政策等。（Resolution of the Council and Representatives of the Governments of the Member States on the employment and social dimension of the information society（2000）OJ C8/1.）“可就业性”概念的提出是国家为应对日益不确定的劳动力市场而主张的一种新的战略性就业政策，反映了国家促进就业理念从“工作保护”向“就业能力保障”的重大转型。同时，“可就业性”的核心是就业能力的提升，就业能力可以理解为获得工作和保持工作的能力。（参见帕特丽夏·威奈尔特等：《就业能力——从理论到实践》，郭瑞卿译，中国劳动社会保障出版社 2004 年版，第 6 页）

改革完善我国积极就业政策

李　雄

本研究报告是西南政法大学经济法学院副院长李雄副教授主持的中国法学会2014年度部级法学研究一般课题《健全促进就业创业体制机制法律问题研究》（课题编号CLS〔2014〕C43）的成果精粹。

在国家提出健全促进就业创业体制机制背景下，我国积极就业政策改革站在历史的新起点上，肩负新的时代使命。积极就业政策在自身价值再认识、法治化转型、构建普惠型就业创业促进制度、适应灵活就业、培育劳动者责任意识与担当、促进公平就业、加强建设评估等方面还面临系统性困境。改革完善积极就业政策首先应确立新的理念，即作为我国就业促进制度的重要组成，积极就业政策应推动我国就业促进制度实现从以往主要解决失业、就业和再就业问题向人力资源大国转型，为经济社会的可持续发展提供匹配的人力资源支撑。同时，积极就业政策还应在价值再定位、法治化转型、去福利化改革、支持非公企业与中小企业发展、强化适应能力建设、推动创业发展、加强建设评估等方面实施系统改革。

《中共中央关于全面深化改革若干重大问题的决定》指出，健全促进就业创业体制机制。“十三五”规划进一步指出，促进就业创业，实施更加积极的就业政策。这为新时期我国积极就业政策改革发展指明了方向。积极就业政策即有效促进就业的政策，是指帮助失业者重新就业或为在职人员提供职业培训以提高其就业适应能力的政策和措施。从世界范围来看，大多数国家都从各自实际出发，不断探索建立和完善适合本国国情并具有阶段性特征的就业制度。比如，战后德国就业政策大致经历了消极的人力资源市场政策、积极的人力资源市场政策、激活人力资源市场政策三个阶段，旨在通过不断提升劳动力素质来应对日益科技化、弹性化、人性化劳动力市场发展的客观需要。在我国，国家为适应经济发展需要采取的积极就业政策发挥了阶段性历史作用后，正面临诸多困境。为适应经济新常态对就业制度的新要求，应当全面深化我国积极就业政策改革发展。

一、积极就业政策的产生与发展

积极就业政策的产生并非空穴来风，有其客观社会基础和条件。党的十四届三中全会后，国有企业改革进入建立现代企业制度的新阶段，企业用人主体和劳动者择业主体地位相继确立，作为要素市场之一的劳动力市场得以培育和发展，建立与之相适应的就业制度成为积极就业政策产生的基础条件。20 世纪 90 年代，国有企业改革进入实质阶段，伴随着国有企业放权改革出现的大量下岗人员与新生劳动力和农村富余劳动力形成“三碰头”局面，必须采取有力措施来应对当时面临的就业难题便成为积极就业政策产生的社会现实。党的十五届四中全会提出，建立市场导向的就业机制，作为市场就业的主体，劳动者不能再靠政府“输血”，而需要“造血”。这是积极就业政策产生的必然条件。

2002 年 9 月，在充分借鉴世界各国经验并总结我国地方实践的基础上，党中央、国务院召开全国再就业工作会议，颁布了《关于进一步做好下岗失业人员再就业工作的通知》，制定了具有中国特色的积极就业政策体系，围绕劳动者自谋职业、自主创业，用人单位吸纳扩大就业，政府提供公益岗位安排就业，企业主辅分离、分流转移就业等四条主要就业途径，提出十项促进再就业困难群体再就业的系列措施，使解决下岗职工问题从提供“基本生活保障”转移到“促进就业”轨道上来。经过多年发展，我国目前已确立了“劳动者自主择业、市场调节就业、政府促进就业”的就业方针，就业促进政策的内容及体系日趋丰富和完善。

二、积极就业政策存在的主要问题

作为一项重要的就业制度安排，积极就业政策在完成其特定的阶段性历史任务后，在全面深化改革背景中面临的问题也越来越多：

一是积极就业政策的作用在一定时期被过分放大，从而忽视了通过发展经济创造就业岗位并突出劳动者就业能力建设这两项核心工作。

二是积极就业政策法治化转型依然缓慢且转型后“政策法”特征仍较突出。《就业促进法》对公平就业的原则性规定、政府促进就业创业法律责任缺位等即为典型例子。

三是积极就业政策福利性特征十分明显且不利于形成普惠型劳动就业制度。

四是积极就业政策以政策给予为主导，还可能忽视了这样一个问题，即在世界范围内“工作福利”被日益重视的背景下，政府本着维护社会稳定这一主导思想，在促进就业上尽管大量投入，但对劳动者自主自觉地参与就业意识之培养明显不足。

五是积极就业政策对现代劳动力市场及灵活就业反应迟缓且相关制度设计尚未系统跟进。

六是积极就业政策尚未成为各项经济政策的优先原则。

七是就业创业尚未成为积极就业政策的核心工作。

八是主要就业创业部门尚未获得平等竞争环境和公平政策待遇。

九是就业政策执行走样多，主要是受惠群体在不同城市差异较大。

十是积极就业政策缺乏有效的建设评估。

三、改革完善我国积极就业政策

积极就业政策改革发展的核心目标在于：一方面，既要培育劳动力市场，真正发挥市场机制在劳动力资源配置中的基础性作用，同时提升劳动者就业、创业与职业转化能力；又要促进体面就业，避免重蹈西方国家出现的“工作贫困”陷阱。[①] 另一方面，既要实施有利于促进就业创业的包容性经济政策，实现经济发展与扩大就业的良性互动；又要重视如何在经济增长和社会保障出现重大调整的状况下，更好地运用就业政策来防治经济社会各系统运行不良所产生的就业矛

① “工作贫困”是指虽然每日都辛勤地工作，但仍然处于贫困之中。导致“工作贫困”的主要原因在于工作本身不确定，且报酬太低。“工作贫困”反映的实质是劳动者非体面工作及其面临劳动权益亏损的实际困境。

盾。改革的着力点在于：

一是要正确认识积极就业政策的有限作用。积极就业政策本身不能从根本上解决就业问题，只能作为解决就业问题的阶段性措施。改革的关键是政府要从以往过度依赖积极就业政策促进就业向根本性构建促进就业创业的内生机制重大转型，即充分发挥经济发展创造就业岗位，提升劳动者的人力资本水平，使劳动者在就业、创业与职业转换能力建设上获得自主就业创业的内生能力，为市场机制在劳动力资源配置中起决定性作用提供必要的先决条件。

二是要深入推动实现积极就业政策的法制化转型，核心是在《就业促进法》基础上，根据法治思维和法治手段，依法明确以保障公平就业、明确政府责任等为牵引的促进就业创业的各项制度安排。

三是要加快推进积极就业政策“去福利化”改革，核心是确立普惠型、高质量的劳动力市场政策理念。自积极就业政策实施以来，其主要服务对象一直是城镇失业下岗工人，虽然以后逐步将农民工、大学生等群体纳入，但不少人特别是农民工群体中的大多数仍无法享受到该政策的全面服务。同时，在我国经济全面升级背景下，高质量的发展必然要求高质量的人力资源作为支撑。因此，积极的劳动力市场政策应以提升就业质量、增加全社会的福祉为出发点，既要体现对社会弱势群体的特别保护，也要在城乡、区域以及不同所有制等方面保证平等竞争与公平对待，为促进平等就业创业提供公平的制度理念与制度环境。当务之急是通过深化户籍制度改革，使户籍与就业政策脱钩，把不同所有制、不同领域、不同行业以及农村转移劳动力与大中专毕业生等都纳入统一的政策体系，扩大积极就业政策的覆盖范围，允许外来人口职业多元化发展。这有利于解决社会保险、教育、培训等方面的歧视，促进基本公共服务均等化，吸收高素质人才进入本地人力资源市场，提高其社会保险的参保能力。

四是要坚持发展能够最大限度促进就业创业的包容性经济，同时要研判我国劳动力市场供给会随着未来劳动力年龄人口增长放缓而减缓，这也就意味着就业总量压力会逐步降低，但结构性失业会日益严重这一发展趋势，积极就业政策要重视结构性失业特别是青年就业问题，以市场需求为基本导向，大力发展职业教育与职业培训，促进人力资源供需最大限度的匹配。

五是要结合后金融危机对非公企业、中小企业和灵活就业较大冲击这一特殊背景，积极就业政策要突出对这些重点领域的改革及调整，使非公经济、中小企业及灵活就业继续发挥吸收劳动力并促进就业创业生力军的积极作用。

六是要整合城乡统一人力资源市场，关键是要整合目前各类人才市场、劳动力市场和劳务市场等，将各类劳动者就业与职业发展纳入统一政策体系，为促进平等就业创业提供制度统一、自由流动、公平竞争、保障有力的统一人力资源市场运行平台。

七是要推动积极就业政策的弹性化改革和适应能力建设。就业政策在防治劳动力市场失灵方面起着重要作用，但政府干预不是万能的。国外研究表明，由政府主导的积极就业政策并非是解决就业问题等的“灵丹妙药”。从欧洲国家劳动力市场政策“去福利化”改革可以看出，避免市场和政策“双重失灵”的探索，成为新时期就业政策的发展方向。我国在经历了 30 多年的高增长之后，国家治理模式正积极回应新形势和新要求，旨在全面深化改革并全面推进依法治国。同时也应当认识到，当前社会管理还延续了长期以来形成的政府主导思路，市场化就业创业促进机制在法律体系尚未成熟的状况下运行，如何进一步依法调适政府与市场在促进就业创业中的调控空间，成为未来一段时期内我国就业政策体系建设的一个重要课题。总的改革设想是：坚持市场机制在劳动力资源配置中的主体地位和决定性作用，形成政府“有形的手”与市场“无形的手”的有机配合，实现从“政府给予”向“市场增进”的重大转型。核心措施包括加强人力资本投资，提升劳动者为应对日益弹性劳动力市场而必备的职业转化能力与可就业力，既有利于提高劳动者自主抵制就业创业风险的能力，也符合当前及今后我国日益发达的灵活就业的客观需要。①

八是要健全促进就业创业的体制机制，尤其要加大对包括高校毕业生在内的青年劳动者的创业培训与扶持，推动创业带动就业战略目标的实现。加强积极就业政策的知晓度、享受度建设。突出就业创业能力建设。依托“一带一路”建设，积极推进我国劳动用工核心标准建设，更多地与世界接轨。继续推进创业型城市创建工作，举办创建国家级创业型城市市长培训班，建立创业城市评价体系，促成创业带动就业新常态。

九是要尽快建立积极就业政策的效果评价体系，既要总体评估，也要专项评估；既要事前评估，也要事中、事后评估，为进一步推进积极就业政策提供基本依据。

---

① 以欧盟为例：欧盟作为欧洲价值的承载者，为应对日益灵活的劳动力市场，在就业政策方面也推动了体现欧洲共同体价值体系的灵活保障就业政策发展。欧盟灵活保障就业的原则有：秉持劳动力市场的灵活安全性理念，实施全面终身学习计划，促进劳动力市场的统一，既关注就业者也关注失业者，促进雇员向上发展，支持男女平等，建立一种信任的对话框架等。参见张然：《欧盟灵活保障就业政策研究》，中国社会科学出版社 2010 年版，第 89—90 页。

集体劳动争议的预防与分类处理机制研究

沈建峰

本研究报告是中国劳动关系学院沈建峰副教授主持的中国法学会2014年度部级法学研究一般课题《集体劳动争议的预防与分类处理机制研究》(课题编号CLS〔2014〕C44)的成果精粹。

劳动者一方10人以上的劳动争议在我国日益高发，这种争议被实务部门称为集体劳动争议。在实践中，上述争议的处理往往并不考虑争议的内容，而是被一揽子地予以考虑，通过类似群体性事件的处理机制来解决。但实际上，从《劳动法》开始，现行法就已奠定了对上述意义上的集体劳动争议分类处理的基本框架。这其实也是其他市场经济国家的一般经验。“权利争议与规则争议的区分具有基础意义，并且在大量外国法律秩序中都存在。”权利争议（Rechtsstreit）是指：“两个权利主体针对法律关系的争议。”权利争议最大的特点是：“在发生权利争议时，已经存在确定的法律框架，（争议的解决）涉及该框架的运用和解释。”而利益争议是法律允许个人或社会群体进行自治，同时为了交易进行又要求其必须达成合意，而当事人却无法达成合意时出现的规则形成和利益分配争议。利益争议以尚不存在利益分配规则为存在前提，但这种没有利益分配规则却不是法律漏洞。按照上述标准，实践中发生的10人以上的集体劳动争议中，围绕劳动关系的存续、履行和解除及终止而发生的集体劳动争议属于个别劳动争议的群体化（群体性权利争议）；当事人一方通过代表集体就劳动条件的确定，也即就签订集体合同而发生的争议属于利益争议的范畴；从我国现行法的框架来看，制定用人单位规章的争议以及集体协商代表权的争议并不属于利益争议。根据现行法，上述个别劳动争议的群体化，应主要通过适用《劳动争议调解仲裁法》以裁、审程序解决；而签订集体合同的利益争议则主要通过劳动行政部门协调来解决。但是现行法的规则并不完善，需要进一步进行制度建构。

从国际比较的角度看，在以德国为代表的国家，所谓的集体劳动争议被分类处理：也即群体性的个别劳动争议和集体劳动法上的争议。前者主要通过代表人诉讼来解决，后者又被分为权利争议和利益争议：权利争议都通过诉讼途径解决。利益争议或者规则争议中的企业协议订立争议通过具有强制效力的调解制度解决，不得进行劳动斗争；利益争议中的集体合同签订等争议原则上通过自愿调解解决；如果当事人不愿意提起自愿调解或者不愿接受调解的结果，则可以发动劳动斗争，展示力量促使对方签订集体合同，劳动斗争结束。劳动斗争应该在法律的框架下进行。德国上述类型化、法治化解决集体性劳动争议的思路是值得我们借鉴的。

由集体劳动争议的巨大破坏力、现有的集体利益争议解决体制不完备以及利益争议本身的属性所决定，我国目前应建立以预防为主的集体劳动争议解决机制。其中，预防权利争议，包括预防群体性的权利争议，最好也是最根本的方法就是劳动关系双方严格并善意地实施法律和劳动合同，执法机关严格执法。集体利益争议的预防应以防止和消除当事人之间签订集体合同的意见分歧为首要目标。以集体利益发生的机理在于当事人信息不对称、非理性的因素、不进入谈判轨道等为出发点，集体利益争议预防的主要措施包括确立谈判义务、强化信息披露措施、通过民主管理实现疏导、完善集体合同约束力、建立停工风险分担机制、集体合同中规定新集体合同的缔约规则等。我国应建立以谈判义务为起点，以信息披露为核心，以参与管理为减压机制，以协商责任为保障的集体协商机制，促使当事人达成集体合同，预防集体利益争议的发生，进而预防停工等事件的产生。

在集体劳动争议解决体制方面，群体性权利争议解决制度完善的重点是在现行制度的基础上，缩短争议处理的审限，完善代表人仲裁和诉讼制度，包括代表人的选任制度、代表人的保护制度、争议处理结果的适用制度，尤其是应从代表人的解雇保护、工作岗位保护、工作条件保护和劳动报酬保护等方面加强代表人保护，提高上述制度的针对性和可操作性。同时还应该在观念上强化劳动争议仲裁中的调解在集体劳动争议解决中的重要地位。集体利益争议的解决总体应把握如下思路：由于利益争议存在的前提是不存在利益分配规则，因此利益争议无法依据实体法裁决。但是在当事人达成仲裁合意时或者有关争议发生在涉及国计民生的行业时，应允许对集体利益争议进行强制仲裁。利益争议存在的前提是国家对自治的承认这一认识的基础上，所有能促使当事人达成合意的制度都属于利益争议的解决机制；而利益争议机制解决问题的最优目标在于促使当事人达成合意。经典的促使当事人达成合意的手段是劳动斗争，但经济武器是成本非常高的争议解决机制，所以还应发展其他利益争议的替代解决机制。在其他国家法律中，这种机制主要包括调解、仲裁、事实调查等。

我国反就业歧视立法的缺失及完善路径
——以英国（欧盟）反就业歧视法律规制的环节和依据为鉴

贺东山

本研究报告是中南大学法学院贺东山讲师主持的中国法学会2014年度部级法学研究自选课题《非正规就业群体合法权益法律保护研究》（课题编号CLS〔2014〕D049）的成果精粹。

欧盟反歧视指令中涉及就业歧视方面的内容及实施措施，推动了英国等成员国反就业歧视的法律规制，其中禁止就业歧视的重要事由、保护范围及方式、标准及抗辩，举证及救济等各个方面有可借鉴之处。我国就业歧视的现象较为突出，亟待建立健全反就业歧视制度，从《就业促进法》的内容来看，有关就业歧视方面的规定依旧太过原则化，执法中缺乏可操作性。当前我国反就业歧视立法保护中还存在歧视事由与方式、保护范围与判断标准、抗辩事由、举证责任以及法律救济等方面的问题，因而存在制定《反就业歧视法》的必要。

一、我国反就业歧视立法的现状和不足

我国现在还没有专门针对就业歧视的立法，与反就业歧视的相关规定大多分散于宪法和其他相关法律法规以及各规章之中。就整体而言，所谓平等就业权在

我国还是个比较薄弱的观念，相应的法律规定也较简陋，急需补充完善。因此，在相继出台《劳动合同法》、《就业促进法》以及《劳动争议调解仲裁法》的新法律环境下，我国制定一部统一的《反就业歧视法》还是很有必要的。其意义首先是有利于树立平等就业的观念，突出平等就业法律法规的重要性，由此更加突出反就业歧视的重要性，更加有利于增强各行各业的平等就业观念。第二从其调整对象来看，《反就业歧视法》不仅可以调整《劳动法》及《劳动合同法》中涉及的主体以及就业歧视的现象，还可以调整录用公务员过程中可能出现的所谓就业歧视现象，其调整范围更加宽广。第三反就业歧视并非一定能够促进就业，因而将其内容包含于《就业促进法》中并不是十分合理。由于就业促进法与反就业歧视法均在主体及内容上有所不同，制定一部单独的《反就业歧视法》也就成为必要且可行。通过《反就业歧视法》针对就业歧视中实体方面的内容和救济方面的程序等，作出进一步的探索和更深入的规定，以此来增强法律法规的可操作性。

相比于以英国为典型的反就业歧视立法发达的欧盟各成员国，我国反就业歧视立法的不足主要表现在以下几个方面：第一个方面是我国法律针对就业歧视领域的相关规定太过狭窄，不能覆盖存在于现实生活之中的各类就业歧视的现象。第二个方面是我国反就业歧视立法的规定太过原则化，现实中缺乏可操作性，在很多情况下，受害方都难以从中获得有效的救济。第三个方面是我国的行政机构在反就业歧视过程中起到的作用被弱化了，相比英国设立所谓专门的反歧视行政机构，我国行政机构的反就业歧视功能就更显得很弱。

二、欧盟指令与英国反就业歧视立法的发展

欧盟反歧视指令对于英国反就业歧视立法起了很大的推动作用。欧盟发布了一系列专门涉及反就业歧视的指令，其成员国都有义务遵守该反歧视指令，并且还成为其成员国，特别是英国，反就业歧视法律规制发生变化的催化剂。欧盟指令极大地推动了其各成员国，特别是英国的反就业歧视法的发展。其中，除了禁止歧视的事由不断扩大，英国和欧盟的反就业歧视立法也覆盖了就业的各个环节，包括就业准入、职业培训、晋升、工作条件等，几乎涉及了就业的整个过程。英国在很大程度上需要依赖劳动法庭或法院的判例，其反就业歧视的法律大

多体现在成文法当中，当然包括法律解释等。以英国为典型的欧盟成员国，其反就业歧视成文法的出台和发展，外在的推动力主要来自欧盟的指令，这个可以以其《76/207指令》为例，此指令要求各欧盟成员国在其国内就业渠道的各个环节实行男女平等的原则。同时，所有成员国应在其就业上岗、职业培训和晋升、工作环境和条件等方面均贯彻男女平等的原则。因此，英国立法部门就不断地修改有关于就业歧视的法律，用以满足推行欧盟指令的严格要求。

三、英国反就业歧视主要环节和立法依据的借鉴

1. 性别和种族歧视。英国在其《性别歧视法》中禁止基于性别或婚姻状况的理由来实施就业歧视。而这一原则无论男性或女性都同样适用。同时，该法还禁止对已婚者实施歧视，也即在就业领域中对于已婚者展开实施歧视的任何行为均属于违法行为。性别歧视和种族歧视法在英国的保护范围得以不断扩大，其中法庭或法院的解释，特别是欧盟的指令发挥了其非常重要的推进作用。

2. 直接歧视和间接歧视。英国反就业歧视法所禁止的典型歧视方式为直接歧视和间接歧视。直接歧视是指雇员由于其性别或种族原因而受到了不利待遇。判断标准是原告相比其他性别或种族的雇员遭受了不利待遇。间接歧视是指雇主对其雇员实施了某项从表面上来看性别或种族呈现中立的行为，可使得某一性别的雇员或某一肤色或种族群体或种族（民族）出身的雇员处于一种不利状态，并且该雇主行为在客观上来说是没有任何正当理由的。

3. 被告抗辩。依据《性别歧视法》或《种族歧视法》，假如被告能证明其作出的任何规定、标准或行为是合理合法的，也即该项规定、标准或行为是实现其某合法目的之适当方式，则可用来对抗原告所主张的间接歧视之抗辩。

4. 法律救济。首先是起诉的时效。从原则上来说，受到就业歧视的雇员必须在其雇主实施的歧视行为发生时起3个月之内起诉对方，不然劳动法庭将不会受理此案。当然，假如劳动法庭在认为对双方都公平之时，是可以不受该时间限制的。其次是举证责任。举证责任可以说是反就业歧视案中的重要内容。从原则上来说，举证责任应由主张的一方负责。法院对举证责任的分担采取以下立场：假如从雇主行为可推论出来就业歧视的存在，那就应该由被告来举证，从而推翻这种推论，进而证明其采取的行动确实是另有原因。最后是救济方式。依据《性

别歧视法》或《种族歧视法》的规定，在审理案件后的劳动法庭可作出下列裁决：其一是宣布原告与被告相关权利的命令；其二是要求被告赔偿原告；其三是要求被告在合理时间内消除或减少对原告造成的不良影响。

四、我国反就业歧视立法发展难题的解决之道

就其整体而言，英国在欧盟反歧视指令的推动下，其就业歧视的保护领域扩大了，当然，必须承认，由于其反就业歧视法分布于许多不同法律之中，且各法律之间存在一定的冲突，制定所谓统一的反就业歧视法具有很大的难度。从目前情况来看，值得肯定的是，其劳动法庭和法院可根据实际需要，遵循法律原则和精神，对已有的法律进行必要的解释，这样的确可使其成文法具有更为灵活的适用性。借鉴上述英国和欧盟在关于反就业歧视领域的立法与判例，我国在建立和完善反就业歧视法律制度的过程中应着重解决以下几个难题：

1. 歧视事由与保护范围。即明确规定禁止就业歧视的事由以及就业保护范围。平等就业权是劳动法律法规的核心理念，在此背景下，应该明确规定禁止任何基于性别的、种族的、残疾的、宗教的、信仰的、年龄的等实施的各类就业歧视。除了明确规定禁止就业歧视的事由之外，反就业歧视的环节还应涵盖劳动者求职、劳动报酬、休息休假、安全生产与卫生保护、劳务派遣、职业培训以及社保福利等各个重要环节。

2. 歧视方式与抗辩。即详细规定涉及就业歧视的具体方式及其判断标准与抗辩事由。我国在反就业歧视的立法中还应当借鉴英国的立法，详细规定所谓直接歧视与间接歧视的概念及判断标准。同时，详细规定所谓真实的职业资格，允许用人单位依照工作岗位性质，对于劳动者采取差别对待，并且严格地限制其职业资格。用人单位还必须证明该职业资格的限制与其工作岗位的关联性，这样才能免除责任。而在间接歧视的案件中，抗辩事由还应采用适当加必需的原则，也即用人单位的条件或要求只是为了实现其正当目的，且是适当和必需的。

3. 举证责任。即补充修订举证责任以及法律救济方面的相关规定。只有合理的举证责任分配与充分的法律救济才是反就业歧视法能够获得实施的必要保证。借鉴英国和欧盟的经验和做法，只要原告可提供表面证据证明其遭受的就业歧视确实存在，则被告就必须承担其反驳的举证责任。至于法律救济，同样应向

遭受就业歧视方提供相应的损害赔偿，其中还包括所谓精神损害赔偿方面的救济。假如损失难以量化，可根据案件的性质来判决被告应向原告支付一笔合理的损害赔偿。此外，还可以向遭受就业歧视方提供复职甚至晋升等其他救济的方式，使受害方在获得损害赔偿之外还能得到其他方式的救济。

4. 执行机构。即建立各级各地专门的反就业歧视法执行机构。考虑当前在我国设立各级各地独立的反就业歧视或平等就业促进机构的难度较大，可以尝试在劳动与社会保障机构的内部先行设立相对独立的部门，专门负责反就业歧视的监察和平等就业权的促进。且该部门的职责可借鉴英国的所谓“平等和人权委员会”的职责设置，除了对于就业歧视行为进行必要的监察，帮助其受害方提起诉讼之外，还应树立起处罚与预防、促进并重的原则，通过不断发布规章或指引，从而帮助用人单位和劳动者树立起完全的就业平等观念。

西北民族地区劳动保障监察存在的问题及其对策研究

肖进成

本研究报告是北方民族大学法学院肖进成教授主持的中国法学会2014年度部级法学研究自选课题《西北民族地区劳动保障监察存在的问题及其对策研究》（课题编号 CLS〔2014〕D100）的成果精粹。

本课题以宁夏回族自治区为研究对象，重点选取连续三年获得该自治区劳动保障监察先进单位的石嘴山市，通过对其各级劳动保障监察机构的设置、经费、专职劳动保障监察人员与需要监察的企业、从业人员的比例等方面的全面调查、综合分析，从劳动保障监察管理体制、效能建设、强制措施、监察范围等方面，分析西部民族地区劳动保障监察存在的问题。在此基础上，提出完善劳动保障监察制度的对策建议。

一、西北民族地区劳动保障监察存在的问题分析

通过调研，我们认为，近年来宁夏回族自治区的劳动保障监察取得了较大的成绩：一是建立了相对健全的劳动保障监察组织体系；二是初步形成了比较健全的劳动保障监察制度；三是建立了行之有效的劳动保障监察执法方式；四是建立了覆盖全区的劳动保障监察“两网化”管理体系。

在肯定成绩的同时，存在的问题也不容忽视：

（一）案多人少的矛盾突出

近年来，劳动保障监察机构受理的案件连年上涨，但专职劳动保障监察员的编制却一直没有增加。连续三年获该自治区劳动保障监察先进单位的石嘴山市，劳动保障监察员与从业人员的比例为1∶16000以上，每个专职劳动保障监察员需要监察企业比例为1∶2500以上。而该自治区劳动保障监察员与从业人员的比例为1∶30000以上。

造成案多人少矛盾突出的原因除专职劳动保障监察员刚性不足外，劳动保障监察的受案范围过于宽泛也是一个重要原因。《宁夏回族自治区劳动保障监察条例》在《劳动保障监察条例》的基础上，明确将劳动合同履行情况规定为劳动保障监察的范围，赋予了劳动保障监察对各种违反劳动法律法规行为的检查监督权，扩大了劳动保障监察的范围，体现了保护劳动者合法权益的立法宗旨，但同时也加剧了案多人少的矛盾，使得劳动保障监察不堪重负。同时，劳动者维权意识的提高，以及向劳动保障监察机构投诉省时、省力等特点，使得只要和用人的单位发生争议，无论什么争议都首选向劳动保障监察机构投诉，也进一步加剧了案多人少的矛盾。劳动保障监察机构是真正的“小马拉大车”，“非不愿也，实不能也”。

（二）经费不足

石嘴山市虽将各级劳动保障监察机构的经费纳入财政预算，但真正的业务经费却是杯水车薪，远远不能满足正常的开支。而在宁夏有的地区，财政尚未给劳动监察机构核拨正常的执法经费，有的劳动保障监察机构仍和劳动争议仲裁合署办公，实际拨付的工作经费和执法需求相比缺口较大，直接影响、制约了劳动保障监察业务的正常开展。

（三）劳动保障监察员的内在素质有待提高

宁夏大部分的劳动保障监察机构是20世纪末21世纪初成立的，人员以部门调剂为主，存在着年龄偏大、文化水平偏低、专业人员较少的弊端。再由于受人员编制的制约，出现了老的退不了，新的进不来的“青黄不接”的局面。在我们调研的6个劳动保障监察机构中，专职劳动保障监察员的平均年龄只有一个在40岁以下，其余的都在40岁以上，文化程度以大专占绝大多数。而且大专学历绝大多数也是通过函授等继续教育取得的，且真正的法学专业人员少得可怜。

（四）拖欠农民工工资情况复杂、处理难度大

一是拖欠农民工工资问题由工程建筑领域向其他行业扩展，发生范围逐步扩大，监管难度增大；二是建筑市场层层转包、违法分包现象普遍存在，拖欠农民工工资问题与拖欠工程款等经济纠纷交织在一起，处理难度加大；三是一些施工企业在施工过程中与小包工头合同订立不清或以口头约定，工程完工后，因工程款结算产生分歧，相互推诿扯皮，久拖不决，导致拖欠农民工工资。

（五）农民工工资保证金作用有限

近年来，宁夏加大对农民工工资保证金的收缴力度，而且，从建筑领域扩展到交通、水利等领域。自2013年起，石嘴山市的农民工工资保证金收缴率都在100%。但由于农民工工资保证金都是按照工程中标价的2%征缴的，而近年来由于劳动力程度的大幅度上涨，有的如建筑行业、交通行业等，农民工工资占工程中标价的20%—30%。因此，虽按100%征缴了农民工工资保证金，但一旦发生拖欠，农民工工资保证金的作用极其有限。尽管劳动保障监察的主要工作是农民工工资的清欠，但清欠难度依然非常大。

（六）劳动保障监察缺少强制措施和强制执行手段

1. 劳动保障监察缺乏强制措施。《劳动保障监察条例》没有赋予劳动保障行政部门查封、扣押的权利。2006年颁布的《宁夏回族自治区劳动保障监察条例》第20条明确规定："劳动保障行政部门在查处用人单位克扣或者故意拖欠劳动者工资、拒不缴纳社会保险费以及职业介绍机构骗取求职者中介服务费等严重损害劳动者经济利益的案件时，发现用人单位有逃匿或者转移财产迹象的，经报请劳动保障行政部门主要负责人批准，可以查封、扣押其价值相当的财物。"但因为2012年1月1日起实施的《行政强制法》第11条第2款规定："法律中未设定行政强制措施的，行政法规、地方性法规不得设定行政强制措施。"2012年3月29日，宁夏回族自治区第十届人民代表大会常务委员会第29次会议通过的《宁夏

回族自治区人民代表大会常务委员会关于修改十五件地方性法规的决定》中，明确删去了《宁夏回族自治区劳动保障监察条例》第19条、第20条、第21条、第22条、第23条的内容，即取消了《宁夏回族自治区劳动保障监察条例》规定的劳动保障行政部门在查处用人单位克扣或故意拖欠劳动者工资等严重损害劳动者经济利益的案件时采取强制措施的权力。由于没有查封、扣押的权力，有时劳动保障行政部门在查处用人单位克扣或者故意拖欠劳动者工资、拒不缴纳社会保险费以及职业介绍机构骗取求职者中介服务费等严重损害劳动者经济利益的案件时，虽发现用人单位有逃匿或者转移财产迹象，但不能采取查封、扣押其价值相当的财物的强制措施，只能按程序一步步进行，先下达整改指令书，等期满后下达处理告知，然后才能下达处理决定。而等到完成上述程序，有的用人单位的法定代表人早已逃之夭夭，人去楼空；有的即便没有逃跑，也早已毁灭、隐匿、编造好了相关的证据材料，使得许多劳动监察案件的调查取证和查处工作难以顺利展开。同时，也造成了有的农民工对劳动监察机构的误解，认为劳动监察机构不尽力。实践中，有的劳动保障监察机构只能采取一些非常规的措施，如由政府出面，通过公安机构查封、扣押。如此做法，虽然能迫使一些用人单位偿还拖欠的农民工工资，但合法性明显存在质疑。

2. 劳动保障监察缺少强制执行手段。对于劳动保障行政部门对违法行为的行政处罚或行政处理决定，按照《行政诉讼法》的规定，如果用人单位在指定的期间内不主动履行处罚，必须等到诉讼期满后，才能申请人民法院强制执行。由于缺乏强制执行手段，“一责令两申请”的程序并不能真正解决劳动违法问题，相反，这种繁杂冗长的诉讼执行体制也给违法用人单位逃避责任提供了条件和机会，为劳动保障部门的执法带来了很大的困难，使劳动执法的作用得不到有效发挥。不仅不利于违法案件的查处，不利于职工合法权益的维护，还往往使矛盾激化，甚至升级成群体性事件，影响社会稳定。

（七）双重领导体制在一定程度上阻碍了劳动保障监察作用的有效发挥

《劳动保障监察条例》所确立的我国劳动保障监察的体制是双重领导体制，即分级管理，条块结合、以块为主，协调指挥。该体制实施十几年来，各级劳动保障监察组织依法行政，严格执法，维护了我国劳动关系的基本稳定。但弊端也是显而易见的。除了双重领导体制固有的弊端，如由于系统性不强，机构设置难于科学规划、队伍建设难于专业化等，最大的弊端就是难以摆脱地方保护主义的干扰，在一定程度上阻碍了劳动保障监察作用的有效发挥。

二、强化劳动保障监察的建议

通过分析，作为连续3年荣获自治区劳动保障监察先进集体的石嘴山市的劳动保障监察仍存在制约其健康发展的障碍，而诸如案多人少、经费不足等问题在宁夏的其他地方则是更为严重的存在。到目前为止，宁夏仍有3个区（县）没有成立劳动保障监察机构，专职劳动保障监察员与从业人员的比例更是在1：30000以上。而且，缺人员、缺编制、缺经费、缺手段、缺支持等问题在全国都具有一定的普遍性，只是程度不同而已。但是，解决这些问题，不是宁夏回族自治区，更不是一个地级市力所能及的。尤其是涉及劳动保障监察领导体制、强制措施等问题，需要国家通过立法加以解决。因此，我们在对石嘴山市劳动保障监察存在的问题系统研究的基础上，以点带面，从全国的角度探讨完善劳动保障监察制度的对策。

（一）适时提高立法层级

建议由全国人民代表大会，最低也应由全国人大常委会制定《劳动保障监察法》。在原《劳动保障监察条例》规定的基础上，对劳动保障监察的强制措施、强制执行手段、监察范围等作出明确规定。提升劳动监察立法的效力层级，适时将行政法规升格为法律，不仅是一个形式变更的问题，更重要的是，通过形式变更使劳动法律体系更加完备和合理的同时，为劳动法律的实施创造更有利的制度环境，提供更有效的制度保障。

（二）重构我国劳动保障监察领导体制

随着经济的快速发展，劳资关系出现了新的冲突点，劳动关系出现了更加复杂的情况，“分级管理，条块结合、以块为主，协调指挥”领导管理体制已不适应实际的工作要求。为适应复杂多样的新型劳动关系，应从解决地方保护瓶颈和妥善处置地方经济利益与保护劳动者合法权益的辩证关系入手，按照国际劳工组织《劳动监察公约》的有关要求，实行劳动保障监察省以下垂直管理，建立“统一管理，分级指挥”的劳动保障监察领导管理体制，以切实改变安全监管机构“执法没有地位，监管没有力度”的境况，实现劳动保障监察机构标准化、队伍专业化、执法规范化。同时，应建立完善的对劳动监察组织的内外部监督体系，使劳动监察组织的自身监督与外部监督相互配合，保证劳动监察行政人员在行使职权的过程中能够遵纪守法、廉洁奉公。

（三）加强劳动保障监察队伍建设

应按照劳动保障监察“机构标准化、队伍专业化、执法规范化”的要求，加强劳动保障监察队伍建设。一是要按照新体制优化人员配置；二是要落实劳动监察经费财政保障制度；三是强化对劳动监察员和协理员的人员专业业务知识的培训。

（四）适度赋予劳动保障监察机构一定范围内的自行实施行政强制措施和强制执行的权力

建议国家通过立法，适度赋予劳动监察机构一定范围内的自行实施行政强制措施和强制执行的权力。例如，对严重拖欠劳动者工资和社会保险费且有逃匿可能的行为，赋予劳动保障监察机构查封、扣押资产、冻结账户的权力，以防止用人单位转移资产逃避执行；对用人单位存在恶意拖欠工资、严重欠缴社会保险费、拒不执行行政处罚或行政处理决定等严重违反劳动法律的行为，以及因上述违法行为造成引发群体性事件等恶劣影响的用人单位，应赋予劳动保障监察机构责令停产停业权；在严重威胁受益人正常生活等特殊情况下（如拖欠工资致使劳动者基本生活难以为继），可以先予以强制执行处罚（处理）决定；对不履行监察处理决定的，劳动保障监察机构有权强制执行资产。

（五）合理界定监察范围

建议通过立法明确规定以全部具有强行性的劳动法律规范为劳动监察之对象，即劳动保障监察的范围只限于劳动者实体权利的强制性法律规范（即关于劳动者权益最低标准的法律规定）和关于劳动关系运行规则的强行性法律规范（如禁止招用童工等法律规定）。这既符合法理，也有利于劳动法律法规的贯彻实施，保护劳动者的基本权益，更有利于避免劳动监察力量分散，影响监察效果。

"一带一路"建设中的海外劳工权益法律保护

花　勇

本研究报告是华东政法大学科学研究院花勇助理研究员主持的中国法学会2014年度部级法学研究自选课题《危机状态下海外劳工法律保护研究》(课题编号CLS〔2014〕D104)的成果精粹。

一、海外劳工的三种形式

我们认为海外劳工是指在境外(海外)以提供劳动服务的形式满足其他行为要求从而获得报酬的劳动力所有者。

一般来说,海外劳工包括三种形式:(1)境内用人单位将与之签订劳动合同的劳动者派遣至境外劳动,包括两种类型:一是境内用人单位将其劳动者派遣至境外雇主处工作,二是境内用人单位在国外承揽业务,然后将其员工派遣海外履行劳动义务;(2)我国境内的外派劳务企业与境外雇主签订劳务合作合同,然后将与其建立劳动法律关系的劳动者派遣至境外工作;(3)我国境内就业中介机构将我国劳动者介绍到境外就业。

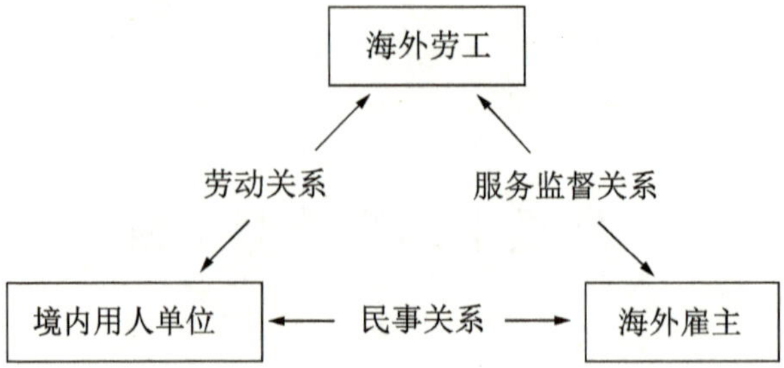

海外劳工形式1

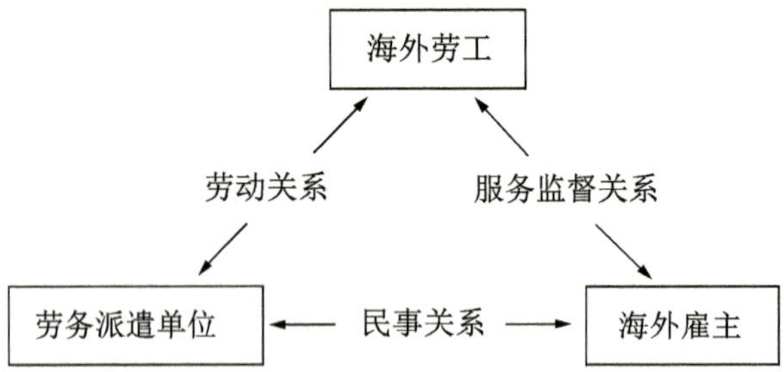

海外劳工形式2

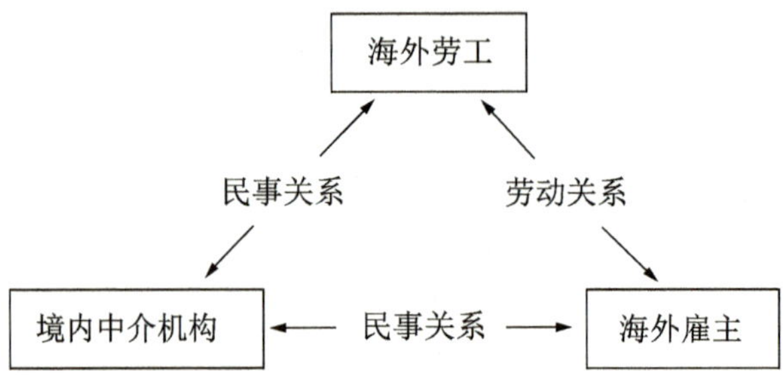

海外劳工形式3

从我国国内劳动法保障来说，海外劳工被保护的强度依次递减。第一种与第二种形式，境内企业和境内劳动者之间均是劳动法律关系，受《劳动法》、《劳动合同法》保护。相对于第一种形式，第二种形式的境内企业没有实质性业务，只是劳工派遣，属于服务型企业，而第一种形式的境内企业有自己实质性的经营范围。第三种形式，境内企业和境内劳动者之间是民事法律关系，境内企业只是中介服务机构，不是用人单位，与海外劳工签订的不是劳动合同，只是民事合同，不受劳动法保护。

二、"一带一路"建设与海外劳工

（一）海外劳工数量庞大

随着改革开放的深入，特别是在实施"走出去"战略以来，对外劳务合作稳步增长，中国海外劳工增量和存量不断增加。

年份(年)	每年派出劳务人员数量(万人)	年末在外劳务人员数量(万人)
2003	21.0	52.5
2004	24.8	53.5
2005	27.4	56.5
2006	35.1	67.5
2007	32.6	75.3
2008	42.7	74.0
2009	39.5	77.8
2010	41.1	84.7
2011	45.2	81.2
2012	51.2	85.0
2013	52.7	85.3
2014	56.2	100.6
2015	38.1	102.4

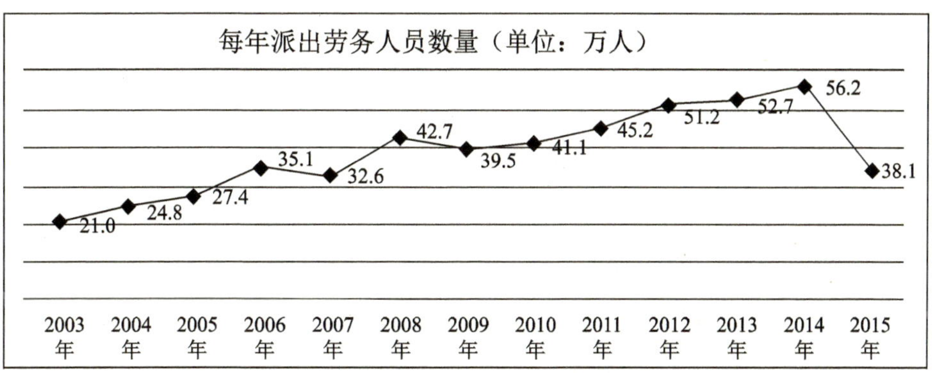

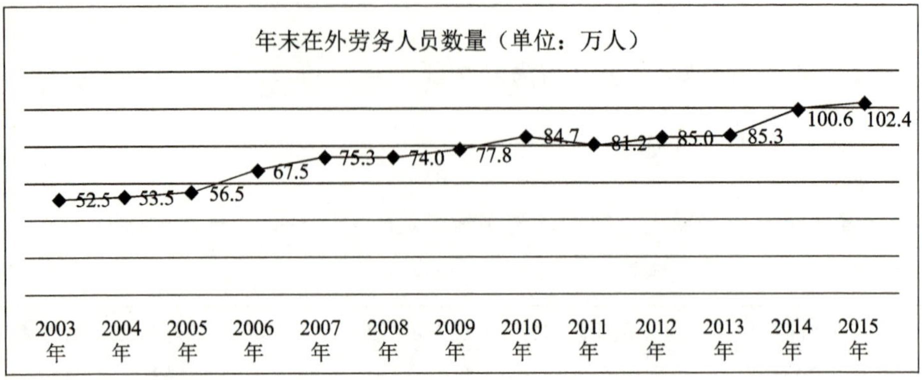

表1　每年派出海外劳工数量和年末在外海外劳工数量（数据来源：国家统计局、商务部）

备注：2015年数据截止为9月份

（二）“一带一路”沿线国家海外劳工增长迅速

“一带一路”倡议为对外劳务合作开辟了更加广阔的舞台，更加便利了对外劳务合作的开展，加速了海外劳工的输出。2015年1—4月，我国企业向“一带一路”沿线国家派出各类劳务人员6.4万人，较去年同期增加1万人，同比增长18.5%。4月当月，派出2万人，较去年同期增加近2000人。4月末，我国在“一带一路”沿线国家共有各类劳务人员30.8万人，较去年同期增加2.1万人，主要分布在新加坡、沙特、俄罗斯等国。1—5月，中国企业向“一带一路”沿线的55个国家、地区派出各类劳务人员8万人，5月末在外人数31.2万人，占中国在外各类劳务人员总数的31.2%。截至5月底，累计向“一带一路”沿线国家派出各类劳务人员280.3万人，占累计派出各类劳务人员总数的36.4%。

另外，对外承包工程的增加，预示着未来较长一段时间海外劳工将会稳定、持续、快速增长。1—9月，我国企业在“一带一路”沿线的57个国家新签对外承包工程合同3059份，新签合同额591.1亿美元，占同期我国对外承包工程新签合同额的42.9%，同比增长24.9%；完成营业额440.2亿美元，占同期总额的43.7%，同比增长5.0%。考虑到“一带一路”重点投资基础设施建设，可以预想未来“一带一路”沿线国家的海外劳工的数量还将会不断增长。

（三）“一带一路”建设中的海外劳工风险

随着海外劳工数量的不断增长，以及年末在外劳工存量的扩大，我国海外劳工面临的风险也会随之增大。沿线部分国家政治动荡、政府腐败、法制不完善、社会治安问题严重，有些国家处于社会转型时期，社会经济矛盾突出。上述风险、矛盾等无疑是对海外劳工生命财产安全的重要威胁，特别是考虑到"一带一路"是未来中国海外劳工主要输入地，这些风险无论在发生概率还是危害后果方面都值得我们高度重视，提前加强防范。

除了以上沿线国家国内风险之外，还存在区域风险。"一带一路"经过东亚、东南亚、南亚、中亚、西亚、北非以及欧洲等地区。这些地区是当今世界热点问题和冲突多发地区。东亚朝核问题；东南亚领土争端；南亚印巴问题、阿富汗问题、恐怖主义；西亚北非的持续动荡；中亚的恐怖主义和极端宗教势力。地区紧张、恐怖主义、极端分裂势力是海外劳工安全的重大威胁，危及海外劳工的生命安全。

三、海外劳工权益法律保护现状

海外劳工是对外劳务合作的主体，是承担互联互通建设的重要力量，尤其是基础设施建设的主要力量。海外劳工权益的保护不仅关系到海外劳工的生命财产安全，也关系到"一带一路"的顺利建设，更加关系到区域共同体的建设。中国政府在积极推动"走出去"战略和提出"一带一路"倡议以来，就非常重视海外劳工权益的保护。军事撤侨不仅保护了中国海外劳工的安全，更加彰显了负责任大国的国际形象和"以人为本"的执政理念。但中国海外劳工权益的法律保护现状堪忧。劳动权利方面，劳动环境恶劣、违反合同约定的低工资、超时劳动和无偿加班等。社会权利方面，海外劳工社会权利保障欠缺，地位低下；人身权利方面，人身权利缺乏有效保障，护照被强制"保管"，人身自由受限制，抗议、抗争容易被强制遣返。

（一）领事保护不堪重负，法律保护不足

21世纪以来，中国领事保护发展迅速，在保护海外劳工权益方面发挥着重要作用。根据《维也纳领事关系公约》第5条规定，领事保护是一国领事机关或领事官员，根据本国的国家利益和对外政策，在国际法许可的限度内，在接受国内保护派遣国公民的权利和利益的行为。领事保护的功能主要在于协助或帮助境

外公民，能够运用的手段是在接受国反映要求和提出建议，敦促公平公正妥善处理等。2014 年，中国驻外外交和领事机构全年受理的领事保护和协助案件数量持续大幅攀升，达 59526 件，其中领事保护案件 14340 件，领事协助案件 45186 件。与劳工权益直接相关的经济和劳务纠纷类案件全年达 1826 件，较 2013 年的 983 件增长近 1 倍，主要涉及因商业纠纷、拖欠工资等引发冲突的情况。按照现有增长速度，经济和劳务纠纷还将继续上升，这将给领事保护带来更大的工作压力。驻外大使馆发出呼吁“劳务纠纷问题……根本解决还是要走法律途径”。

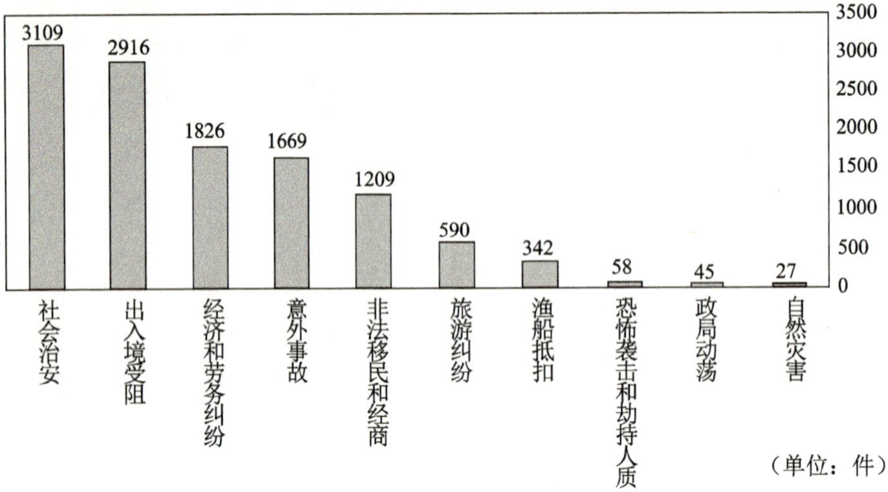

表 2　2014 年领事保护案件分类统计表

（二）过于偏重劳务合作，劳动权益重视不足

长期以来，海外劳工管理保护是由对外贸易经济合作部负责的，后转入商务部负责。这种管理模式更多将海外劳工纳入对外合作的框架中，将其主要功能定位于劳务合作。无形之中将海外劳工等同于对外贸易的商品，漠视了海外劳工的人身权利、自由权利和劳动权利。现有海外劳工保护理念过于偏重“劳务”，轻视“劳权”，使海外劳工在权利受到侵害时，很难通过法律途径寻求救济。这反而导致了海外劳工更多寻求政府渠道获得帮助，从而加重了驻外大使馆的工作压力。值得肯定的是，这种保护理念已经开始转变。2012 年实施的《对外劳务合作管理条例》专门对海外劳工权益作了规定，虽然相关条款比较少且不全面，但毕竟有了显著的进步。

（三）已有法律位阶低，劳务合作企业资质门槛低，劳权权益具体规定少

《劳动法》、《劳动合同法》只涉及境内劳动关系，仅能保护第一种、第三种形式的海外劳工，不能保护第二种形式的海外劳工。《对外劳务合作管理条例》主要是规范对外劳务合作，加强对外劳务合作监管，属于行政法规，位阶低，并不是专门针对海外劳工权益保护的；劳动权益受损的救济措施规定较少，只有3条（第27条至第29条）；规定对外劳务合作企业和劳务人员签订的合同，属于私法调整的范围，无法真正维护劳务人员的利益；对外劳务合作企业资质条件过于宽松，只需要有3人以上熟悉对外劳务合作事务。

四、加强海外劳工权益的法律保护

（一）制定海外劳工权益保护专门法律

制定针对海外劳工的专门法律，结合《劳动合同法》和《对外劳务合作管理条例》，对派遣主体、派遣协议、责任以及被派遣人的劳动权益作出具体规定，包括派遣单位的资质、派遣协议内容（包括派遣岗位、人员数量、劳动合同期限、劳动报酬及其支付方式、社会保险费的数额与缴纳、工作内容、工作地点、工作时间和休息休假；劳动条件、劳动保护、职业培训和职业危害防护；福利待遇和生活条件；被派遣人在国外居留、工作许可等手续的办理；人身意外伤害保险的购买；国外雇主原因解除与劳务人员的合同对劳务人员的经济补偿；发生突发事件对劳务人员的协助救助；违约责任等）。

制定针对海外劳工的专门法律，明确海外劳工的管理服务机构。借鉴菲律宾、印度等国经验，将商务部的对外劳务合作职能转移给人力资源与社会保障部，在人社部设立专门海外劳工保护局负责海外劳工权益的保护，海外劳工保护局负责劳务合作企业的资质许可和审查；定期发布海外就业信息，促进就业；统筹建立海外劳工数据库，方便提前预警和保护；与外交部合作设立劳工参赞，为海外劳工提供及时专业的法律援助。

专门针对海外劳工保护的法律，还应包括设立基金制度。可以效仿菲律宾设立紧急遣返基金（用于危机事件或严重自然灾害，劳务机构没有责任或没有能力支付的遣返费用）、海外劳工贷款担保基金（劳工出国前贷款和家庭援助贷款）、

法律援助基金（帮助海外劳工的法律援助）、海外劳工奖学金（帮助海外劳工或海外劳工的直系亲属在输入国求学深造）。

（二）与“一带一路”沿线国家签订海外劳工保护的双边条约

目前，中国和俄罗斯签订了《关于中华人民共和国公民在俄罗斯联邦和俄罗斯联邦公民在中华人民共和国的短期劳务协定》，和巴林签订了《中巴关于劳务合作及职业培训领域的合作协定》，和约旦签订了《中约关于双边劳务合作的协定》，和毛里求斯签订了《中毛关于双边劳务合作的协定》，与马来西亚签订《关于雇用中国劳务人员合作谅解备忘录》，和新加坡签订了《中新关于双边劳务合作的谅解备忘录》。现有的上述双边协定或备忘录对于促进海外劳工就业，保护海外劳工权益，促进双边劳务合作发挥了重要作用，但也存在下列不足：

现有的协定或者备忘录对海外劳务时间或海外劳务工种进行限制。《中俄短期劳务协定》只适应 1 年的劳务工作，在雇主请求下可以最多延长 1 年。该协定无法满足和适应长期劳务关系。马来西亚的《关于雇用中国劳务人员合作谅解备忘录》开放仿古产品制造、制瓷、木制工艺品制造、家具制造 4 个工种的外籍劳务市场。

现有协定多数要求海外劳工和境外雇主签订雇佣合同，一定程度上可以保护海外劳工的权益。但仅要求境内劳务派遣企业审查所签订的雇佣合同。考虑部分企业自身管理不严，或者与境外雇主相互勾结，就会严重损害海外劳工的权益。

现有协定多数只是明确了落实双方协定的具体部门，但对于如何监管境内劳务派遣企业以及境外劳务中介公司、境外雇主缺少具体详细的规定。有些协定把境内劳务派遣企业的监督权交给行业协会，部分协定只是要求境外雇主为海外劳工购买伤害保险，并不要求购买医疗保险。

还未和劳务输出人员较多的国家签约。中国对外劳务合作的范围已扩展到全球 160 多个国家和地区。其中，外派劳务人员人数较多的依次为：日本、新加坡、韩国、阿尔及利亚、澳门、俄罗斯、香港、阿联酋、苏丹、约旦、塞班、中国台湾和毛里求斯。海外劳务输出最大的和较大的两个国家——日本与韩国，我们还没有签订劳务合作协定。

随着“一带一路”的建设，海外劳工的数量将会不断增加，有必要充实和完善现有的劳务合作协定，另一方面加快与中国海外劳工重要的输入国或地区签订劳务合作协定。建议中方负责谈判落实的机构是人社部。协议必须对境外雇主和海外劳工的雇佣关系，海外劳工和境内劳务派遣企业的法律关系进一步明确，便于法律裁决时解决法律适用问题。协议必须要求对方加强对本国或本地区劳务中介公司和雇主的管理监督，并要求对方适时向中方通报对方企业和雇主的评估情况。协议必须明确中方劳务派遣企业的监督管理机构，避免将监督管理权下放给行业协会。协议需要进一步保障海外劳工对等的劳动权益，相应的社会保障必须得到满足。协议对于中方海外劳工人员可以进入的工种，建议使用负面清单制度。

（三）推动国际劳工规范健康发展，加快区域劳务合作立法

目前保护海外劳工权益的国际法可以分为两类，一类是一般性的国际人权公约，如《公民权利和政治权利国际公约》、《经济、社会及文化权利国际公约》、《消除一切形式种族歧视国际公约》、《保护所有移徙工人及其家庭成员权利国际公约》等。另一类是由国际劳工组织订立的核心劳工标准，包括《强迫劳动公约》（第 29 号）、《结社自由和组织权利保护公约》（第 87 号）、《组织和集体谈判权利的原则应用公约》（第 98 号）、《男女工人同工同酬公约》（第 100 号）、《废除强迫劳动公约》（第 105 号）、《消除就业和职业歧视公约》（第 111 号）、《准予就业最低年龄公约》（第 138 号）、《禁止和立即行动消除最恶劣形式的童工劳动公约》（第 182 号）。考虑国内实际发展情况，中国已加入 4 个核心公约（第 100 号、138 号、182 号、111 号公约）。其他国家可能以此为借口，对中国海外劳工实施差别化待遇。另外，8 项核心公约，“一带一路”沿线国家全部签署的不多，印度签署了 4 个，韩国签署了 5 个，日本签署了 6 个。考虑到国际法本身的“软法”性质，国际劳工法的执行力很难令人满意，因此有必要积极加快国际劳工规范的健康发展。中国有关部门正在积极研究加入其他核心公约的工作。

深化中国—东盟区域劳务合作立法。东盟不仅在中国周边外交中扮演着举足轻重的角色，而且是中国海外劳工的主要目的国。深化中国—东盟区域劳务合作立法，不仅有助于保护中国海外劳工的权益，也有助于保护东盟国家海外劳工的权益，避免因各国内部法律差异带来复杂烦琐的法律适用问题。深化中国—东盟劳务合作立法建设，不仅有利于加快中国东盟自贸区建设，也有助于东盟共同体

的建成和加深。深化中国—东盟劳务合作立法，可以现有国际劳工标准为基础，参考欧盟区域劳工合作立法经验，重点以保护劳工基本权益为原则，明确境外劳动者的基本权利，劳动者的劳动条件、法律适用、权利救济、争端解决机制、设立联合监督机构等。

以上合组织为基础，加快上合组织区域劳务合作立法。中国相当一部分对外承包工程是在中亚。俄罗斯远东地区是海外劳工的主要工作地。上合组织在现有安全合作功能的基础上，以现有常态化合作机制为平台，开创劳务对话与合作的新平台，使得安全领域的合作能外溢到劳务合作。基础的劳务合作立法可从加强区域合作，维护劳动者基本权益出发，建设利益共同体。

非洲、海湾、拉美地区等，可以中非论坛、中国海湾阿拉伯国家合作委员会战略对话、中拉论坛等为基础性平台，考虑劳务合作区域立法，保护双方劳工权益。

五、总结：海外劳工权益法律保护是践行责任共同体

海外劳工保护不仅仅关系到海外劳工个人利益，更关系到国家的海外利益。海外劳工权益是我国海外利益的重要组成部分。在传统安全和非传统安全交织的后冷战时代下，庞大的海外劳工群体面临的风险明显增多。保护海外劳工权益已成为我国海外利益保护的重要工作。领事保护是目前重要的保护手段，但繁重的海外公民保护日益超越了领事保护的能力，必须加强对海外公民的法律保护。对于海外劳工权益的法律保护来说，主要是完善国内立法，制定专门针对海外劳工的法律；与“一带一路”沿线国家签订劳务合作协定或完善已有的劳务合作协定；以现有合作机制危机平台，深化“一带一路”区域劳务合作立法。海外劳工权益法律保护是对责任共同体的具体实践。

我国养老机构准入制度研究

李伟峰

本研究报告是济南大学政治与公共管理学院李伟峰副教授主持的中国法学会2012年度部级法学研究一般课题《我国养老机构准入制度研究》(课题编号CLS〔2012〕C87) 的成果精粹。

一、我国人口老龄化日益严重与老年弱势群体规模日渐庞大

伴随经济、社会的逐步发展，医疗卫生水平的日益提高，世界人口老龄化洪峰正以不可逆转之势席卷全球。中国早在20世纪末便已步入人口老龄化社会。在众多因素的综合作用下，我国人口老龄化转变进程大大加快。当前我国已经进入人口老龄化快速发展时期。

总而言之，我国人口老龄化具有以下特点：

1. 我国老年人口规模庞大，人口老龄化持续性加速增长。

2. 我国人口老龄化区域发展不均衡。

3. 我国人口老龄化呈现“未富先老”。

随着我国人口老龄化程度的逐步加深，老年群体内部自身也在不断发生分化。其中的重要变化便是老年弱势群体规模日渐庞大。高龄老人、失能老人、空巢老人、女性老人是我国乃至世界公认的最主要的弱势老年社群。

解决老年弱势群体养老保障是解决我国人口老龄化问题的关键。

二、养老社会化的兴起与养老机构快速发展

人口老龄化问题本质就是养老问题。人口老龄化是现代社会经济发展的必然趋势，它象征了人类的文明和成就。与此同时，人口老龄化又会给社会经济的可持续发展带来诸多不利影响，并引发了一系列社会问题。仅就当前言之，社会各界更为重视它对养老保障的冲击和影响。

宏观上，人口老龄化的加深将影响养老保障的经济基础。中观上，人口老龄化的加深将直接严重冲击现有的养老保障体系。微观上，人口老龄化的加深将直接影响家庭养老照顾能力。

改革开放以来，我国社会福利事业的发展过程，就是逐步走向社会化的过程。从全国各地社会福利社会化的探索实践来看，其主要内容都是养老服务。可以说，养老社会化是我国社会福利社会化的发端、重点和中心。从更广大的视野言之，社会福利社会化又是国际福利多元主义的重要组成部分。

人口老龄化与社会经济、思想文化的全面转型相互交织，极大地冲击和削弱了传统养老格局。我国顺应世界福利多元主义浪潮，逐步明确和探索出了养老社会化方向和道路，机构养老被确定为我国养老体系的支撑。在我国各级政府的大力支持和倡导下，机构养老模式日趋丰富完善，养老机构则得到了蓬勃发展。

三、养老机构生活质量不容乐观

老年人是一切涉老活动的出发点和落脚点。养老机构的建立、经营、运转和发展等活动亦需首要和充分考虑老年群体，以老人为本，围绕老年人需求为导向提供、开展针对性服务。养老机构是由硬件、软件、服务、运营、监督、管理构成的多位一体活动空间。

养老机构服务整体普遍存在着总体规划不明晰、制度化保障机制匮乏、专业服务能力欠缺、服务可持续动力不足、风险防范意识差、养老服务内卷化等缺陷与不足。

入住养老机构的老年人的物质生活状况和社交生活总体比较好，但老年人的精神生活、文体生活以及老年人在机构的自主性状况并不理想。

家庭因素诸如子女数量、职业、工作时间、经济状况等在很大程度上影响着老年人入住养老机构后的生活态度和生活质量。

四、养老机构准入体系构建

养老机构准入体系主要由服务内容、软硬件保障、运营、管理、监管等子系统有机组成。

养老机构准入机制的构建将在很大程度上提升养老服务水平，推进养老机构服务规范化、标准化和信息化发展，切实解决老龄化背景下养老服务中的实际问题。

我们需要本着有利于老年人权益保障、遵循经济和社会发展规律、切合养老服务的特点、有利于养老服务行业健康、持续、快速发展的准入原则，制定与完善我国养老机构准入机制，从服务源头处合理设定不同层次养老机构的服务内容、服务水平和服务质量，保障养老机构多元化发展、稳健性拓展，促进养老机构与家庭资源、社区资源、社会资源的有效链接与合理利用，推动机构与家庭、机构与社区、机构与社会的和谐融入，有效避免和化解目前养老机构内部与外部存在的矛盾，为实现养老服务资源的优化配置，加快推进以家庭为基础、社区为依托、机构为支撑的社会化养老服务体系的构建提供基础性支持。

五、完善养老机构准入制度的相关建议

构建供需适配、功能整合、可持续发展的养老机构准入体系须契合国情与社情，以老年人需求为导向，本着公开、公平、效率的准入原则，注重养老机构法律规制建设，加强行业协会建设，强化养老机构内部能力与制度建设。

1. 完善养老机构法律规制建设

（1）提高养老机构相关立法的立法层次；

（2）确立养老机构性质的法律标准；

（3）明确法律义务和责任，增加违法成本。

2. 加强行业协会建设

行业协会是指介于政府、企业之间，商品生产者与经营者之间，并为其服

务、咨询、沟通、监督、公正、自律、协调的社会中介组织。行业协会是一种民间性组织，它不属于政府的管理机构系列，而是政府与企业的桥梁和纽带。行业协会将发挥其巨大的市场功能和行业内沟通共享的桥梁作用，可以在《老年人权益保障法》中提倡建立各级、各区域的养老机构行业协会，积极发挥协助政府管理、维护行业合法利益的功能。

（1）行业协会实现行业内部自律；

（2）行业协会规范行业服务行为；

（3）行业协会进行行业评估；

（4）行业协会实现机构间协调；

（5）行业协会开展技术培训。

3. 强化养老机构内部能力与制度建设

养老机构的准入门槛低，一定程度上导致机构的运营理念不一致，运营效率不高和服务质量参差不齐，因此多手段、多路径进行养老机构内部能力建设成为提高养老服务质量、推动养老服务产出、增加社会效益提升的必要环节。同时完善各方面制度建设也成为养老机构准入机制构建的重要内容。

公共租赁房的准入、使用和退出法律制度研究

金 俭

本研究报告是南京大学法学院金俭教授主持的中国法学会2014年度部级法学研究一般课题《公共租赁房的准入、使用和退出法律制度研究》（课题编号CLS〔2014〕C24）的成果精粹。

公共租赁住房是指政府投资或政府提供政策支持的其他主体投资建设的，限定建设标准和租金水平，面向符合规定条件的城镇中等偏下收入住房困难家庭、新就业人员和在城镇稳定就业的外来务工人员出租的保障性住房。公共租赁住房是新型的住房保障形式，在住房保障方面发挥着重要的作用。党的十八届三中全会公告中提出住房保障重在公平可持续。保障房的公平分配是“生命线”，核心是规范程序、公正操作、公开透明、接受监督。公共租赁住房的准入、使用与退出机制是公共租赁住房制度的核心，是保证公共租赁住房公平合理配置，发挥保障性住房最大保障功能与效率的关键。针对当前公共租赁住房存在覆盖人群相对较窄，准入门槛过高；户籍与收入等申请障碍以及租金制定合理性存疑；信用体系不健全，收入监督困难；实物退出机制不易落实；后续管理不到位，监督惩罚机制不完善等直接影响到公租房配置的公平公正等问题，加强对公共租赁住房准入、使用与退出长效机制的研究具有重要的现实意义。

课题全面梳理了公共租赁住房制度实施以来国家与各省层面上公共租赁住房法律与政策的形成与发展的历程。从公共租赁住房制度的提出，到部门规章的出

台。客观评价与分析我国公共租房制度建设与实践取得的成就以及公共租赁住房制度尤其是公共租赁住房在准入使用与退出方面存在的问题以及原因。为进一步有针对性的研究与构建公共租赁住房配置制度奠定基础。课题收集整理了我国香港地区以及日本与德国在公共租赁住房的准入使用与退出方面的规定与成功做法，并结合我国的实际情况，总结出对我国公共租赁住房的准入、使用与退出机制构建具有十分重要借鉴价值的经验与做法。

根据住宅权实现理论、住房过滤与梯度消费理论、公共资源配置公平与效率理论成果，在我国，政府是土地资源（包括住房土地资源）的代表者与直接管理者，政府是公民居住条件尤其是低收入者住房改善所必需的资源的唯一持有者。政府在保障性住房建设中具有不可替代的地位与作用决定了保障性住房建设既是政府的一项政治职责，更是政府的一项法律义务。政府对保障性住房的建设、分配及管理负有责任，应确立政府主导的原则，努力满足中低收入家庭的基本住房需求是政府公共服务的重要内容。当然，公共租赁住房的建设与配置也应根据当地经济发展水平、需求指数等因素，统筹考虑政府的住房保障能力，土地等资源的承载能力，以及住房保障进展的实际情况，因地制宜地制定发展规划。公共租赁住房配置应坚持的基本原则包括：一是坚持政府主导的原则；二是坚持公平、公开、公正原则；三是坚持以人为本因地制宜原则；四是坚持制度创新发挥市场机制作用原则；五是坚持政策可持续性原则。为此，应优先安排，重点保障。根据人口、家庭收入、住房情况的变动情况，调整公共租赁住房的准入门槛和退出机制，健全住房保障管理机制。

公共租赁住房准入制度是指公共租赁住房申请的前置制度，主要包括准入对象、准入条件和准入程序。公共租赁住房制度的设立主要就是为了解决社会“夹心层”以及无法进入市场又无法进入保障体系的家庭与人群的住房困难问题，以弥补住房市场配置和政府保障之间的空缺。因此，公共租赁住房的准入对象应界定为那些无力进入住房商品市场（包括住房的市场购置与市场租赁），又未享受国家住房保障优惠的对象，包括城市中等偏下收入住房困难家庭、城镇新就业人员、人才引进、外来务工人员以及其他需要保障的人员（其中包括农业转移人口）。在确定住房保障对象时，要考虑住房保障的覆盖范围与政府长期可持续支付能力相适应。一类家庭，即城镇中等偏下收入住房困难家庭；二类人员，即新就业无房职工和在城镇稳定就业的外来务工人员。一类家庭是“住房难”。这类家庭因收入低下致贫或因病致贫，他们是社会救助与保障的主要对象。国家通过国民收入再分配，保障这部分人享有基本居住水平，以体现社会的实质公平。他们的住房困难属于“难”，他们的经济状况与住房难在短期内很难获得改善。政府对这类家庭的住房保障应该是中长期的。二类人员是“临时性住房急”。国家对他们提供住房保障实际是出于社会稳定与经济发展需要之考虑。他们的住房困难是由于工作时间短，或刚进入一个新的城市、新环境，生活尚未稳定下来或尚未确定长期在该城市定居，尚无能力购房而引起的住房困难。他们的住房困难属于“临时性”。他们的经济状况可在一定时期获得较大的改善。因此，政府对这两类人员的住房帮助扶助应该是中短期的。应首先确立“先贫后急”原则，优先考虑城市中低收入家庭这一贫困群体的住房保障，其次才是应急性的保障人群。此外，要转变观念，国家已将农民工住房保障作为重点工作开展。因此，在制定住房保障发展规划时，要充分考虑进城务工人员的因素。采取措施，对于进城落户的农民工，在住房保障制度上做到全覆盖；改善农民工居住相对比较集中的居住区的基础环境，既包括基础设施条件也包括公共服务环境；强化用工企业的责任。

公租房的准入条件是指公共租赁住房对保障对象的条件限制性规定。根据各地的调研以及结合实施的情况，主要问题是：一是收入、资产的范围和标准不明确，缺乏相关立法具体明文规定。二是准入门槛相对高。三是收入资产审核难度大。四是外来务工人员稳定工作年限要求期限过长。课题建议取消收入线作为公共租赁住房准入条件的强制性规定，改收入与资产线为低收入家庭申请公共租赁住房租金分层补贴的依据。分类分层次的准入条件设计，对于不同的三类保障对象设计不同的准入标准。建议优先保障城镇中低收入家庭住房困难，放宽外来务工人员稳定工作年限的限制。

公租房的审核配置程序应建立科学、高效、公开、公平的轮候分配模式，对公共租赁住房申请审核确立申请诚信、失信惩戒制，分类申请分别审核。简化审核程序，以住房条件为准入审核重点。解决无房户或住房困难家庭的住房问题，是住房保障制度设置的最为根本的目标，保障“住有所居”。取消收入与资产审核可能性与好处：一是可节省审查的资源、人力、物力之支出；二是提高与培养公民诚信意识；三是建立与完善相关制度与立法，使违法违规成本提高，减少骗租情形发生，对高收入者或资产丰厚者混入中低收入者家庭申请公共租赁住房者，建立退出高额赔偿制；通过曝光使其名誉受损；信用降格，构成犯罪的可刑事处罚。实现二审二公示，建立专门的审核管理机构，确保审核的公平与效率。公共租赁住房的轮候与配租实行：（1）分类分级优先与申请时间轮候相结合的配租原则。（2）公开、公正、合理的轮候规则的建立。（3）实物配租与货币租金补贴相结合，货币租金补贴方式应成为今后公租房运行的重要方式。（4）坚持只租不售原则。

公共租赁住房的租金制度是整个公共租赁住房运行的核心制度，租金既是双方租赁合同的重要内容，也是调控公共租赁住房政策的重要手段。公共租赁住房租金具有鲜明的政府租金管制特征，租金水平通常是由政府确定。租金水平的确定应参照三个因素，公共租赁住房所处的同类地区住房的市场租金、公共租赁住房的成本以及承租人的收入水平等因素。建议确立：（1）参照市场租金、分类补贴原则；（2）"租补分离"、"分类补贴"；（3）实行租金动态调整机制。公共租赁住房与廉租住房并轨后，公共租赁住房租金参照市场租金的价格确定，政府部门根据保障对象收入和居住条件的差异确定不同的补贴标准，即符合条件的保障对象租住保障房，需要支付同样的租金。同时根据收入的差异从政府部门及相关机构获得不同额度的补贴，总的原则是补贴额随收入的增加而减少。允许并鼓励保障对象从市场上租赁房屋，政府部门对符合条件的保障对象按照同样的标准进行补贴，逐步提高住房保障中社会性租赁房源的比重。

随着公共租赁住房制度的实施，加强公共租赁住房使用的管理任务艰巨。建议：一是规范租赁合同，包括文本与合同性质，完善合同内容。二是明确合同当事人权利与义务。三是加强租后管理包括建立公共租赁住房社区管理体系；发挥专业管理机构主导作用；充分发挥非政府机构的作用；建立住房使用扣分制度；注重人性化管理。四是建立针对保障性住房的物业管理制度，建立以政府指导自我管理的物业管理方式；引进优质物业服务公司；确立公租房使用权人的代理业主地位；市场化运作物业管理模式引进。

公共租赁住房退出机制是指政府为了有效地配置有限的住房资源，体现公平、公正原则，通过行政主管机构的具体审核，在住房保障对象收入与住房条件改善时或违反使用规定时，通过一定渠道或方式退出公共租赁住房的一整套制度安排、程序以及与之相应的保障最低收入群体住房需求的配套措施等。公共租赁住房退出问题是涉及保障性住房公平分配的核心问题。退出机制是保证社会最低收入群体住房权益的一项具体举措，把机会留给更困难的居民，是政府调控和管理保障性住房资源的一项必要手段。公共租赁住房的退出模式有北京超期按市场租金标准的退出模式、重庆的转租为售模式以及南京的宽限期后按市场租金模式。公共租赁住房退出困难既有承租人收入虽提高但仍无住房的无力退出原因，更有制度设计的不合理、退出缺乏动力以及法律强制力不够等多种原因。公共租赁住房退出制度设计需合理化，当以住房作为公租房准入的主要标准，当承租人有房或市场租房情形下，退出便不再困难。构建公共租赁住房退出正当程序；采取奖惩并重制度，以鼓励公租房的退出机制的实现，成立公共租赁住房专业的管理监督机构；加大行政处罚甚至刑法处罚力度，建立个人信用档案制度；尝试公共租赁住房退出的担保制度，推进公租房智能化管理系统的运用。

“十二五”期间，住有所居的目标基本实现。“十三五”住房保障的任务更加艰巨，更舒适的居住条件将是新的目标与方向。更舒适的居住条件应该包含几层含义，即在住有所居的基础上，住房功能更齐全，住房环境更美好，生活配套更便利，居住出行更快捷，社区生活更和谐，生命财产更安全，人人活得更有尊严。

环境法篇

京津冀雾霾天气区域治理机制的立法推进

朱京安

本研究报告是南开大学法学院国际法学教研室主任朱京安教授主持的中国法学会2014年度部级法学研究一般课题《京津冀雾霾防治立法一体化研究》（课题编号CLS〔2014〕C45）的成果精粹。

近年来，我国空气污染类型逐渐呈现出多污染物共存的复合污染特征，并由局部单一城市污染向区域性污染转变。京津冀等地区由空气污染导致的灰霾污染的天数每年达到100天以上，三地的污染变化过程呈现同步性特征，使得京津冀成为"一损俱损"的区域性雾霾重灾区。大气污染防治不仅仅是技术问题，更为国家治理能力的进一步提高带来了严峻挑战。大气污染的区域效应导致传统以行政区划为基本单位的属地管辖治理方法变得收效甚微。2015年4月30日，中央政治局会议审议通过了《京津冀协同发展规划纲要》，将推动京津冀协同发展确定为重大国家战略。明确经过一年多时间，京津冀协同发展要完成顶层设计，构建协同发展的体制机制。纲要将生态环境作为重点领域，其中区域联动治污是当前面临的严峻挑战。2015年6月，《区域大气污染防治中长期规划》正式启动编制，将为京津冀区域大气污染治理确定"路线图"，未来将形成"京津冀生态环境共同体"。

要完成京津冀区域雾霾防治的顶层设计，进行区域一体化的立法则是这一区域治理的核心要务，而目前我国的立法体制面临"瓶颈"，难以解决这一区域的治理问题。同时在治理理念上，传统的京津冀三地各自为政、侧重行政管理的治理思路目前亟待做出改变。此外，制定京津冀一体化大气环境标准体系是开展区域大气污染治理的基础所在，唯有如此才能有效管控污染源头、扭转末端治理的方式。最后，治理大气污染不能仅靠政府的力量，还应发挥市场的功能。而碳排放权交易被认为是治理雾霾的重要市场化手段，目前京津冀三地亟须构建区域一体化碳市场。

一、以区域治理理论为指导，构建大气污染区域治理机制

目前，京津冀等地区大气污染呈现出区域群落污染效应，使得传统的以行政区划为主要表现的属地治理模式收效甚微。大气污染区域效应已经成为京津冀等城市圈污染的新常态，我国大气污染防治的理念因而逐渐由属地管辖向区域联防联控方向转变。但治理理念的转变需要与之相配套的治理机制予以落实，我国大气污染区域治理仍缺乏系统理论依据和具体、长效的实施机制。

“区域行政”和“区域治理”是两种截然不同的理论。区域治理理念更适用于大气区域污染治理，更符合环境法的发展趋势，因而具有理论优越性。区域治理理念的本质特征是希望通过建立不限于政府的多元主体参与的社会合作网络，通过多元治理手段、以合作性集体行动来应对环境污染等可持续发展区域公共问题，符合环境法从“管理”转变为“治理”，从“单个”、“统一”治理逐渐发展为“区域”治理的发展趋势，尤其适合于解决跨区域大气污染等区域性环境问题，具有理论优越性。

在区域治理理论的指导下，京津冀地区大气污染区域治理应当在组织形态上建立区域统一协调机构，协调建立三地政府之间的合作伙伴参与机制以及地区政府与其他参与主体的协商机制。

此外，大气污染区域治理应当综合运用法律机制、市场机制和公众参与机制等多元制度安排。首先，大气污染区域治理应当建立完善的法律机制，以保障区域治理的合法稳定运行；其次，大气污染区域治理应当建立成熟的市场机制，为区域治理提供动力源泉；最后，大气污染区域治理应当建立有效的公众参与机制，保障区域治理主体的广泛性。

二、创新立法模式，通过地方联合立法构建京津冀区域一体化治理机制

京津冀雾霾防治一体化立法的核心内容应包含如下几个方面：

1. 西方发达国家上百年的雾霾治理史提供给我们可资借鉴的宝贵经验。具体包括：第一，注重通过多位一体的立法统筹治理雾霾。第二，积极构建国内区域一体化雾霾治理的法律协调机制。第三，将全国大气防控区域划片，实行区域联防联控治理方法，以1955年加州划定的“海湾地区大气污染控制区”为代表。第四，通过跨国区域一体化多边安排治理雾霾，以欧盟的一体化安排和东盟2003年创制的“东盟跨境雾霾污染控制协作中心”为代表。

2. 设立“京津冀地区大气质量管控区”及其执行机构。2016年1月1日起施行的新《大气污染防治法》新设第五章“重点区域大气污染联合防治”，其中第86条明确，国家建立重点区域大气污染联防联控机制，并授权环保部划定国家大气污染防治重点区域并报国务院批准。我们认为，这一规定还比较原则性，故应通过京津冀三地地方立法机关先试行联合立法，制定适用于全区域的大气污染防治综合性地方法规，借鉴发达工业化国家的普遍经验，划定“京津冀地区大气质量管控区”及其执行机构“京津冀区域大气污染防控委员会”，确立委员会、企业及公众为主体的三元大气污染治理机制。

3. 构建大气污染的司法救济与惩处协调机制。京津冀的区域一体化雾霾防治立法应与当前现有的法律救济体系接轨和配合，使之形成科学合理的有机体。具体来说，应做到：第一，应明确环境权为公民的基本权利，并将其内容具体化，保障区域内公众对防治大气污染的预案参与、过程参与及行为参与；第二，转变以行政手段为主的治霾方式，建立以经济、市场手段为主的治霾新机制；第三，在司法中完善环境陪审员和环境案件听证会制度，积极发展京津冀区域冲突法，构建区域环境公益诉讼、集团诉讼支持体系。

三、通过构建京津冀一体化大气环境标准体系，完善区域雾霾立法规制

建立京津冀一体化的大气环境标准体系是开展区域大气污染治理的基础所在。京津冀一体化的大气环境标准体系至少应包括地区大气环境标准和地区大气污染物排放标准。其完善重点是控制京津冀区域大气污染排放总量，进一步统一和完善京津冀地区大气污染物的排放标准，而大气环境质量标准仍可沿用国家标准。京津冀地区雾霾治理从政策、法律、财政方面均得到了国家与地方的极大支持，但建立京津冀一体化的大气环境标准体系仍需要解决大气环境标准的法律界定不明确、大气环境标准法律不完善、京津冀地区大气环境标准不统一、法律规制相对滞后和存在适用障碍等问题。

应对京津冀一体化大气环境标准体系作如下改进：（1）明确大气环境标准的法律性质、法律效力。解决我国大气环境质量标准与大气污染物排放标准尚不属于法律规范，仅为行政规范性文件，不能对大气污染行为直接适用的问题。（2）完善区域大气环境标准的法律规制。细化《大气污染防治法》关于重点区域大气污染联合防治的规定，制定京津冀区域性大气污染防治地方性法规，为区域一体化大气环境标准体系的实际执行提供有利的法律保障与指引。（3）建立京津冀一体化污染防治标准控制体系。统一重点大气污染物排放标准、制定地区特定污染物大气污染排放标准的达标期限、设立京津冀地区大气质量管控区、划定区域 PM2.5 等主要污染物的浓度限值并完善信息交流和共享机制。（4）确立在京津冀三地统一强制实施的区域大气环境标准的制定标准和适用规则，区域大气环境标准的制定应以国家标准为底线并且严于国家标准。该标准一经颁布即在京津冀三地统一强制实施，具体适用问题由京津冀区域大气污染防控委员会统一负责。

四、通过立法构建京津冀区域一体化碳交易体系，以市场手段治理雾霾

党的十八届三中全会强调在大气污染防治中引入市场机制，发挥市场机制的

优势。在京津冀地区雾霾天气治理中，政府除加大执法力度、进行能源和产业结构调整外，应积极引入市场机制、构建京津冀区域碳市场，填补雾霾防治制度设计中市场手段的使用不足。注重雾霾治理中碳市场的独特价值，不但可以在制度设计上将企业纳入自愿减排行动，从根本上取得减排效果，而且有利于我国在雾霾治理与温室气体减排中实现“双赢”。

为了解决京津冀建立区域碳市场的顶层设计尚不完善、京津冀三地碳市场对接存在现实困难以及建立区域统一的监测报告和核证制度较为困难的问题，京津冀区域一体化碳市场构建的路径设计应从如下方面着手：(1) 完善京津冀区域碳市场的顶层设计。探索三地联合出台《京津冀区域碳市场管理若干规定》，以完善区域碳市场的顶层设计，使碳市场的运行有法可依且对运行中出现的不规范行为加以约束和惩戒。(2) 建立河北省碳市场并对接京津冀三地碳市场。借鉴京津经验建立河北省碳市场，通过碳排放总量的设定、覆盖范围、碳排放配额的初始分配制度等具体制度对接京津冀三地碳市场，从而增加流动性并降低交易成本。(3) 建立区域内完善的气体监测和报告体系（MRV）制度。通过统一京津冀三地碳排放质量和数量控制标准以及完善数据库建设等手段建立区域 MRV 制度，实现碳排放的科学监测和监管，促进排放数据的统一和标准化，有利于碳市场的规范发展。

环境污染第三方治理的法律保障机制

傅学良

本研究报告是上海对外经贸大学法学院傅学良副教授主持的中国法学会2014年度部级法学研究一般课题《环境污染第三方治理的法律保障机制研究》（课题编号CLS〔2014〕C46）的成果精粹。

党的十八届三中全会通过的《中共中央关于全面深化改革若干重大问题的决定》明确提出，“建立吸引社会资本投入生态环境保护的市场化机制，推行环境污染第三方治理”。这既是环境管理制度的重大创新，也是发展环保市场的重大举措，更是当前推进治污模式转变的重要切入点。与传统的政府主导、企业自觉的治污模式不同，环境污染第三方治理模式是以第三方治理为重点突破方向，利用市场机制的优势，把市场引入环境污染治理，推行治污集约化、产权多元化、运行市场化，将排污者的污染治理委托给专业的环境服务公司实施，具有非常显著的优势。环境污染第三方治理有利于提高排污企业的治污效率；有利于提高环保部门的监管能力水平；有利于促进环保产业的迅速发展；有利于推广与应用先进节能减排技术；有利于推动我国经济的进一步可持续发展。

我国推行环境污染第三方治理有重要意义，但也存在着诸多如环境污染第三方治理主体、治理技术等现实条件的影响，以及政府、排污企业和环境服务企业权责利的法律界定，环境污染治理市场法治化不完善，相关环境污染第三方治理法律激励机制不到位等一些亟须解决的难题，面临着诸多的现实困境和法律障碍。现实困境主要表现为：环境污染第三方治理的市场未能充分发展，大大制约了环境污染第三方治理产业的发展；由于产业结构和布局不合理，环境污染第三方治理企业竞争力不强；技术障碍成为我国环境污染第三方治理企业发展的重要问题；目前我国没有形成市场化清晰的污染物排放价格；环境污染第三方治理企业的融资在很大程度上还依赖特许经营和银行贷款；我国的环境污染治理一直比较注重政府管制的作用，市场配置资源决定性作用远未发挥出来。法律障碍主要表现为：环境产权交易制度在我国尚未建立；环境污染第三方治理的管理体制并不完善；环境污染第三方治理中的责任界定机制还不健全，在第三方环境服务企业治理污染的过程中，仍然有可能对外造成环境污染，并且形成环境侵权行为。在造成实际的环境侵权损害之后，侵权责任又该如何去承担；环境污染第三方治理与环境法的“污染者治理”原则相抵触；与环境法的部分制度规定也并不协调；作为国家主要推行的污染治理方式，促进环境污染第三方治理发展的法律措施缺失。

在环境污染第三方治理发展中，法律保障机制是其最基础性的条件。完善的法律保障机制可以为环境污染第三方治理创造良好的发展环境，由此，构建符合时代发展要求的环境污染第三方治理法律保障体系，发挥激励自我发展和利益引导机制、规范机制以及责任机制的重要作用是我国发展环境污染第三方治理的关键。并且我国构建相应的法律保障机制存在必要性和可行性，尤其是在市场经济条件下，环境污染第三方治理受到法律机制的规范、推动或制约作用需要以法律保障机制来在传统环境污染治理观念导向下的旧的管理方式进行限制、取缔和惩罚，并对新方式予以支持、鼓励和促进。首先，环境资源的产权制度和价格制度有其独特性，权利人在行使产权时，生态价值往往被忽视，所以，环境污染第三方治理市场在法律保障机制的引导下可以实现迅速发展。其次，虽然我国缺乏专门性的环境污染第三方治理法律保障机制，但是现存的诸多环境立法都或多或少涉及该项治理机制，为法律保障机制的构建创造了坚实的法律基础。我国现行的环境法理论是环境保护事业的法制基础和推动力量，环境法理论在创新和完善的基础上可以为环境污染第三方治理的法律保障机制创建提供理论指导。

在我国，环境污染第三方治理的模式已经在污水、脱硫处理等领域进行尝试，但是由于缺乏引导、规制以及激励等系统、有效的法律保障机制，导致排污企业出于减少成本和追求经济利益最大化的思考，有时即使存在自有的污染治理设施也会不去运行，更难说主动发生购买环保产品与服务的行为。因此，为了保证我国在更短的时间内实现环境污染治理的效果，必须发挥法律的引导、规范、培育、监督、服务功能，设计合理有效的法律保障机制，提高我国环境污染第三方治理水平。在健全的法律保障机制引导下，只要排污方和环境污染第三方治理主体遵守环境保护义务，就能够获得法律、政策的支持和鼓励，就能从经济激励手段中获得环境守法的额外收益，而违法者则面临着极大的法律政策风险，环境违法的成本极高。这种氛围必然有利于企业选择并发展具有法律保障优势和收益支出较优的环境技术和产品。因此，健全的法律保障机制是发展环境污染第三方治理的必要条件。我国所设立的法律保障机制逻辑进路应该是：第一，政府推动，即政府要积极发挥政府职能，推动环境污染第三方治理的开展；第二，市场运作，即环境污染第三方治理的展开依然是由市场来决定，但是政府要去创造市场、发展市场、规范市场；第三，内部平衡，即对排污企业和环境治理企业的责任界定要清晰；第四，外部制约，即要通过公众参与发挥制约作用，促进环境污染第三方治理的顺利展开。同时，还需要创新环境污染第三方治理的实施原则。首先，改变“谁污染，谁治理”，实行和确立“损害环境者付费、专业化治理”的新原则，大力推行环境污染第三方治理新模式；其次，在环境污染第三方治理过程中产生侵权责任时，实行污染责任合理分担的原则，对于排污企业和环境污染治理的第三方，法律保障机制要强调平等均衡保护，污染责任合理承担；再次，实行全过程控制原则，环境污染第三方治理公司可为排污企业提供从工艺设计、工程建设、设备采购、生产管理到资源综合利用的全过程服务，从源头减少污染物的产生，确保稳定达标排放。最后，在环境污染第三方治理中追求利益最大化原则，主要是为了追求环境利益、排污者利益、环境污染治理者利益的综合最大化。

环境污染第三方治理相比传统污染治理模式而言，具有更加专业化和市场化的特点，因而，政府、市场、自主化法律保障机制都是第三方污染治理模式的重要一环，是环境污染第三方治理不可或缺的一部分。同样，为了发挥市场、政府等不同主体的作用需要使之体系化、制度化，最终形成有效的环境污染第三方治理法律保障机制。

（一）基于创造市场需求的法律保障机制

环境污染第三方治理市场需要构建有利于激励排污企业愿意选择或被迫选择

专业化治理的法律机制，创造环境污染第三方治理市场需求可以视情况采用命令控制型法律机制以及经济激励型法律机制，以促使排污企业被动或主动地实施环境污染第三方治理，从而达到抑制环境质量恶化趋势乃至改善环境质量的目的。(1) 创建“倒逼”性质的环境污染第三方治理市场，包括实施生态红线保护制度、进一步完善环境影响评价制度、建设符合更加严格的环境标准制度、加快改革生态环境利用申报与许可制度、充分利用企业环境信息公开制度。(2) 创建“激励”性质的环境污染第三方治理市场环境，包括发挥排污收费制度的正激励作用、发挥排污权与许可证交易制度的重要作用。

（二）基于扩大市场发展的法律保障机制

环境污染第三方治理市场需要通过对相关企业提供机会及经济激励，促使其可以提供、愿意提供以及能够提供环保产品与服务，由追求效率的企业提供将会扩大供给、降低价格，扩大环境第三方治理市场。实施环境污染第三方治理中的环境补贴制度、实施环境污染第三方治理中的信贷优惠的措施、实施税收优惠制度对环境污染第三方治理的调节作用、培育环境污染第三方治理企业、建立多元的环境保护投融资保障机制、通过设立专项基金制度促进环保技术发展。

（三）基于规范市场运行的法律保障机制

环境污染第三方治理作为市场性很强的环境污染治理模式，其发展亦需要规范市场，良好的环境治理市场秩序会更加依赖市场规则的维护，所以需要完善环境污染第三方治理市场准入规则、市场竞争规则和自愿、平等、公平、诚实守信的市场交易规则，建立和完善良好的市场秩序。主要应该包括建立环境污染第三方治理的特许经营机制、建立环境污染第三方治理市场的招投标制度、建立环境污染第三方治理企业资质认可制度、完善环境污染第三方治理价格及收费标准制度、完善第三方治理的服务质量监督机制等。

（四）基于侵权责任界定的法律保障机制

由于我国第三方治理模式仍然处于初创阶段，因而关于环境污染第三方治理模式的相关配套法规并不健全，这很容易造成第三方治理产业发展过程中的法律风险。正如环境污染第三方治理是对传统污染治理方式的创新，其所具有的优势会使第三方治理企业成为未来治理污染的重要主体，并进而带动专业的环境污染第三方治理产业的发展。相比传统的环境侵权，第三方治理中的环境侵权是排污企业与环境服务企业已经签订了环境服务合同，将污染治理转移给了环境服务企业，但是依然造成受害方利益受损的情况下，如何确定侵权责任的承担方式呢？若是选择由排污企业承担，则势必会打击排污企业治理污染的积极性，而将责任全部转移给第三方治理企业，很容易会阻碍相关环保产业的发展，更何况现行法律框架下对于通过合同形式将责任转移出去的做法是否可行，这仍然是需要探讨的。（1）在当前要实现环境污染第三方治理侵权责任的界定，需要以过错为标准判断排污企业、第三方治理企业的责任承担标准；区分厂内治理与厂外治理；区分环境服务合同的性质；考虑环境服务合同的公示备案制度。（2）要对环境污染第三方治理中环境侵权责任界定机制进行优化构建设计，其中包括环境利益在内的不同利益评估机制，从而可以决定在设计环境责任分担机制时，客观判断环境利益与受害方利益相加的最大化。要对涉及环境污染第三方治理中侵权责任中各方因素进行相对定量分析。通过对不同利益的有效客观量化，在遵循公平公正、差别化对待和总体利益最大化原则的基础上，考量侵权责任的整体方案。需要对第三方治理企业在无法完成污染治理费用支付的情形进行分析，考虑建立雄厚的企业环境基金和环境保险制度，对于重大责任的分担具有重要的作用。

（五）基于秩序自主的自发性保障机制

摆脱传统的环境污染治理模式，需要对传统治理模式进行改善，引入新的环境污染治理措施。在具体的环境污染第三方治理措施的构建过程中，应当有意识地减少对环境污染第三方治理的政府强制，使之成为一种偏重于社会自发性的治理措施，对于自发性治理措施的构建，尤其对于法律规则的设计，不能仅仅利用强制性措施的规定，而应该是在政府等公权力部门的推动下，构建自发性社会秩序。为构建自主运行的环境污染第三方治理秩序，需要注重环境教育和公众参与机制的实施，注重发挥环境信用保障机制作用，推行监测的社会化机制。

（六）基于公众参与的社会性监督机制

对于环境污染第三方治理来说，纯粹的公权力治理模式已经显示出其不利的方面，我们需要有效利用国家公权力与民众私权利的双重模式，完善第三方治理模式。需要公众参与模式这样的第三方治理模式来达到公权力与私权利共同发展的治理模式，从而不断促进环境污染第三方治理的发展，起到监督污染治理的作用，如环境污染第三方治理信息知情制度的具体构建、构建公众对环境污染第三方治理的参与制度。

（七）基于协同运行的司法诉讼监管机制

司法监管是环境污染治理的最后防线，司法监管着重强调污染治理监管的公平性。通过强调不同的司法参与主体的相互合作，达成环境污染第三方治理的最后司法防线的目标。包括，普通公民的程序性保障措施的构建、加强环境污染第三方治理中公安机关的参与程序，构建检察机关环境诉讼监督程序等。

（八）基于发展原动力的环境污染第三方治理引导性基金制度

环境污染第三方治理引导性基金制度是推进环境污染第三方治理产业模式持续健康发展的重要途径。环境污染第三方治理模式作为我国经济结构调整和产业结构升级战略的重要举措，需要大量的初期投资对第三方治理产业进行引导发展，有必要设立环境污染第三方治理引导性基金。

我国环境污染责任保险机制的不足与完善

钟 莉

本研究报告是武汉海事法院副院长钟莉同志主持的中国法学会2014年度部级法学研究一般课题《环境侵权受害者权益司法保护研究》（课题编号CLS〔2014〕C47）的成果精粹。

环境污染责任保险是指被保险人向保险人投保，以转移被保险人在环境污染事故中所应承担责任至保险人的机制。在环境污染责任保险法律关系中，被保险人向保险人支付保费，保险人对被保险人在环境污染事故中应承担的赔偿责任予以承保，被保险人是发生环境污染事故的企业，赔偿的对象是被保险人应当承担赔偿责任的第三人，而不包括被保险人自身，赔偿的范围包括第三人因环境污染而遭受的损失和因清理环境污染而产生的损失，触发保险理赔的原因是被保险人发生环境污染事故，包括突然性、意外性的事故和渐进性、持续性的事故。

一、环境污染责任保险的特征

环境污染责任保险以被保险人应承担的赔偿责任为保险标的，与一般的侵权赔偿责任相比有一定的特殊性。环境污染侵权责任遵循无过错责任原则，环境污染责任保险不以受害人一般过错为免责条件。环境污染责任保险涉及的损害金额一般较为巨大。环境污染责任保险具有一定的社会公益性。环境污染责任保险具有一定的未来性，它还能够迅速地补偿受害人遭受的经济损失。

二、我国环境污染责任保险制度存在不足

目前我国环境污染责任保险推进速度缓慢，大多停留在政策层面，很多企业对此知之甚少，即使有了解的企业也往往不愿意投保。关于环境污染责任保险的全国性立法数量少、涉及面窄、可操作性不强，仅在海洋船舶油污领域的立法相对比较完善。现行环境污染责任保险制度推行的困境还在于环境污染责任保险主体的积极性不高、相应的国家配套政策不够。

三、我国建立环境污染责任保险制度的意义

环境污染责任保险有助于降低企业经营风险，保障企业持续经营的需要。环境污染责任保险制度也可以促进保险人为了利益的最大化而帮助被保险人建立和完善环境污染预防控制措施，形成保险利益和环境污染防控的良性循环。环境污染责任保险制度对实现环境污染赔偿快速实现，维护社会和谐方面也具有现实意义。

四、完善我国环境污染责任保险机制的建议

（一）完善法律制度建设，为环境污染责任保险提供坚实的制度保障

在现行《环境保护法》、《海洋环境保护法》等基础上，修订《大气污染防治法》，制定《环境污染责任保险法》、《土壤环境保护法》等法律，并据此根据需要制定专门领域环境污染责任保险实施办法等。另外，各级政府及职能部门在环境污染责任保险中的地位和作用也需要通过规范的形式予以确定，以便更好地为环境污染责任保险服务。

（二）实行以强制险为主，任意险为辅的保险模式

在我国保险市场发展水平尚低、环境污染责任保险机制不健全的情况下，要求商业保险全面介入环境污染责任保险业务不是很现实。目前，我国应该实行以环境污染强制责任保险为主，任意险为辅的保险模式。

一方面，符合法律规定条件的企业必须投保环境污染强制责任保险；另一方面，符合规定条件的保险公司必须开展环境污染强制责任保险业务，对于符合法

律规定条件的投保要求，保险公司必须承保，并且在一般情况下不能解除环境污染强制责任保险合同，否则，违法行为人将承担法律规定的不利后果。

环境污染责任保险制度实施过程中，还应当根据科学技术的进步程度和对未来风险的认知程度的不同，灵活调整实施强制责任保险的行业范围，实现环境污染责任强制保险和环境污染责任商业保险的有机互动。

（三）环境污染强制责任保险的限额责任

重点领域的环境污染强制责任保险实行赔偿限额制度有利于该制度的推行，保险公司对其经营风险可以做出更加精确的分析判断，对最终保费的厘定也有更加明确的依据，对调整保险合同双方的供需关系可以起到一定的调节作用。同时，强制责任保险赔偿限额也能够打消投保企业投保后高枕无忧的心理，促使企业更好地履行环境保护义务。

（四）设立政府主导的专业保险机构及加大政府支持力度

在环境污染责任保险制度初期即将渐变性、累积性的环境污染事故纳入强制责任保险范畴势必超出保险人的风险经营能力，可以由政府牵头组织成立共保联合体或成立专业保险机构予以承保。在现行环境污染责任保险制度下，加大政府财政投入力度也是有效途径之一。

（五）完善环境风险评估体系，制定科学赔付体系

环境污染责任保险的推广与行业环境风险评估准则和污染损害赔偿标准的建立密切相关。制定强制投保企业名录也是完善环境风险评估体系的重要组成部分。完善环境风险评估体系还需要建立环境风险源评估机制和培养环境损害评价中介机构。

（六）完善环境污染责任保险制度相应的其他配套制度建设

可以设立环境污染赔偿责任基金，用以支付重大环境污染事故超赔部分以及垫付应急处理费用等。环境污染赔偿责任基金可以通过多种渠道筹集建立：一是由国家财政直接拨付设立；二是可以在相关的环境污染税收中提取设立。

再保险也是一种有效分散和分摊原保险公司风险的重要方式，环境污染责任保险的再保险可以将环境污染责任风险部分转嫁给其他保险人。

构建环境侵权受害者权益司法保护的特别程序

钟 莉

本研究报告是武汉海事法院副院长钟莉同志主持的中国法学会2014年度部级法学研究一般课题《环境侵权受害者权益司法保护研究》(课题编号CLS〔2014〕C47)的成果精粹。

一、环境科学证据的形成

1. 鉴定程序的完善

鉴于环境侵权案件的损害后果以及在因果关系上认定的困难，在环境侵权案件事实认定中，鉴定结论起着决定性作用，法院对于科学证据特别是鉴定结论过度偏好。然而，在环境侵权案件中鉴定结论的效力受到其自身因素的诸多限制。目前我国并没有独立的第三方鉴定机构，也没有环境污染损害大小评估机构，造成了目前的多头鉴定、重复鉴定、鉴定结论相互矛盾等混乱局面，制度的缺失导致环境污染危害原因、后果认定的失信。如果法院仅仅依靠鉴定结论等科学证据，而轻视甚至忽略其他证据，极有可能导致不能恰当认定事实，过于依赖法律规定来推定因果关系或证明责任分配这种风险负担机制，对司法公正必然造成负面影响，带来负面社会效应，故有必要完善环境侵权司法鉴定制度。

(1) 健全环境侵权司法鉴定评估机构

环境鉴定评估机构是环境鉴定评估的执业机构，经省级行政机关审核登记，取得许可证，在登记的环境鉴定评估业务范围内，开展鉴定活动。全国实行统一的环境鉴定评估机构及鉴定人审核登记、名册编制和名册公告制度。环境鉴定评估机构实行行政管理与行业管理相结合的管理制度。各鉴定机构之间没有隶属关系；鉴定机构接受委托从事环境鉴定评估业务，可以不受地域范围的限制。环境鉴定评估实行鉴定人负责制度。鉴定人执业实行回避、保密、时限和错鉴责任追究制度。

在独立的、专门的、有资质的鉴定评估机构建立起来之前，可以由法律规定各级环保部门及其所属监督检查和技术监测机构应当接受污染纠纷当事人的委托，并就委托事项提供监测报告。

（2）完善鉴定程序

原告就损害后果申请鉴定，被告就不存在因果关系申请鉴定。法院可以根据案情，行使释明权，要求原、被告就自己应当举证的内容申请鉴定。

（3）鉴定结论的采用

对于鉴定机构作出的鉴定结论，对于损害后果和因果关系的判断，法官应当改变传统观点，结合特定背景知识进行识别，并综合考量原、被告各方提供的证据，以达到“内心确信”的过程。

2. 因果关系的认定

基于环境侵权与损害后果之间因果关系的技术性、复杂性，由原告证明其内在逻辑关系的困难，证据规则中应当将原告从因果关系证明中解放出来。在我国司法实践经验还不十分丰富，相关理论还不够深入的情况下，应以平衡社会利益，确保社会正义为价值指导，使用多元化的方法实行因果关系推定。同时，要防止因果关系推定原则在环境侵权案件中的滥用。

受污染损害的受害者只要提供污染损害时的自然环境和一般概况以及有关索赔的鉴定和原始凭证。有关污染行为及污染行为与损害结果之间的因果关系等关键性证据由被告举证。被告要免除责任，就必须证明他没有污染行为或污染行为与损害结果之间没有因果关系或有法定的免责条件，否则就要承担赔偿责任。

因果关系推定原则大大减轻了受害者的举证责任，给予其获得法律保护的权利，同时也应当以公平原则给予污染者维护自己合法利益的权利，应当允许污染者举证推翻推定的因果关系。在污染者认为自己的行为与损害事实无关时，只要其能证明成功，否定因果关系的存在，则可以不承担侵权责任；举证不能或举证不足的，则推定因果关系成立，不能免除责任。

事实判断过程中缺少当事人的充分参与，程序正义未得以保障，从而使公正诉讼程序吸收不满的功能丧失，易造成当事人对判决结果难以接受。从环境案件因果关系的逻辑属性和法律属性上均要求以最大化的信息来证明因果关系。应当优先通过当事人的证明活动查明事实，至少也是在穷尽可能证据手段的情况下再对证明行为进行评价。

第一，原告应对被告污染行为与损害之间的因果关系加以主张，而尽量明确证明对象或证明范围。第二，在原告本证的基础上，被告应提出反证。第三，在证据手段的利用上，当事人双方平等，各负事证开示义务或事案阐明义务。

二、完善支持起诉制度

支持起诉制度可以作为环境公益诉讼的补充和完善。公民可以依据《民事诉讼法》第 16 条规定，向有关部门、单位请求支持，或者起诉时因无直接利害关系，而环境污染和破坏行为又确实发生，法院在审查起诉时应告知当事人更换适格原告。由于法院也属于可以支持起诉的机关之列，其可以依据上述条款发出司法建议书，要求有关机关履行环境保护职能或支持适格原告起诉。环保机关作为原告提起公益诉讼，检察机关同时出具支持起诉意见书对原告的诉讼予以支持，这就将环保机关的起诉资格与检察机关的支持起诉职能统一起来，既是诉讼方法的创新，又未突破现行法律规定，是一种极具借鉴意义的模式。

1. 支持起诉的主体

在环境侵权案件中，除受害人有权向侵权人主张权利以外，应当鼓励法律规定的机关和有关组织以支持诉讼的形式支持受害人向侵权人主张权利。

2. 支持起诉的形式

较为理想的做法是，检察机关应原告的申请决定是否出庭支持起诉，原告申请，检察机关经审查后决定出庭的，也只是宣读《支持起诉意见书》并对支持起诉的事由予以说明，不参与法庭调查和法庭辩论。人民法院必要时可以在庭审前，通过听证程序等合法形式对支持起诉的具体事项进行确认，而在正式庭审中检察机关则不必出庭。

三、先予执行的放宽

基于保护环境侵权受害者权益的需要，应放宽环境侵权案件中先予执行的条件，即仅须满足“权利义务明确”和“存在紧急需求”的条件，不再要求“严重影响申请人的生活或者生产经营”等严苛要件。金钱给付也不应限于目前法律列举的赡养费、扶养费、抚育费等，也应当包括环境侵权损害赔偿金等其他金钱款项。

四、行为保全的规范

1. 行为保全措施申请的情形

《最高人民法院关于审理环境侵权责任纠纷案件适用法律若干问题的解释》第12条通过列举式对环境侵权中行为保全制度进行了限制性的规定。但随着环境保护相关法律制度的完善，环境保护审判实践不断积累和沉淀，有必要给予环境侵权责任纠纷中行为保全制度更大的适用空间。只要符合“情况紧急”，当事人可以申请诉前禁令，具备如下条件可以视为“情况紧急”：（1）被告的行为可能严重危及环境安全的；（2）被告的行为可能造成环境难以恢复的；（3）被告的行为加重对环境破坏的。

2. 行为保全申请的担保

在环境侵权案件中，可以参照日本和美国的做法，对于诉讼行为保全，一律免除担保责任，对于诉前行为保全，进行个案的区分和裁量，适当减轻或者免除担保责任。对于需要提供担保的情形，可以建议申请人购买保证保险的方式，分散诉讼成本。

3. 诉讼行为保全听证前置

在环境污染公益诉讼行为保全中，鉴于法律对行为保全申请条件的苛刻要求，以及行为保全措施对被申请人产生的直接性影响，即行为保全措施实施后，被申请人立即面临着停止建设、停止排污、停止生产等情形，对于被申请人产生不可避免的损失。有必要在行为保全中设立听证前置程序。听证过程中，可以通知人民检察院参与监督，要求县级以上人民政府环境保护主管部门或者其他有关部门参与听证，并就是否符合申请条件出具书面意见。

五、完善调查令制度

1. 调查令的实施程序

第一，申请人申请：申请人向法院申请证据调查令，应向法院提交书面申请，申请人须为案件当事人及其特别授权的诉讼代理律师，调查人须为其特别授权的代理律师；调查令的申请须在举证期限内提出；申请调查的证据须是与案件事实有实质性联系的书面证据。

第二，法院审核：申请人向法院提出申请证据调查令之后，法院应对申请人主体是否适格、提出申请是否在规定的期限内、申请是否具有明确的内容、所申请调查的证据是否适用调查令的范围、被调查人是否掌握该证据材料等方面进行审查，审查完毕后应将审查结果及时通知申请人。审查后认为符合申请条件的，应及时签发调查令。

第三，律师调取：取证律师在取得法院签发的调查令后，即可前往调查令指定的人或单位调查收集证据。律师必须严格依照调查令规定的范围、期限及方法进行调查，对于律师持调查令进行非法取证的，必须给予一定的处罚，且对非法取得的证据法院应当不予采信。调查完毕后，律师应当让被调查人在调查令上签名，并将当事人签名的调查令以及持调查令所取得的证据提交签发法院。

2. 调查令的证据效力

第一，时间效力：举证期限届满，调查令即失效。当事人须在举证期限内向法庭提交证据，若在此期间当事人怠于履行义务，则承担举证不能的后果。

第二，对被调查人的效力：被调查人必须履行调查令所记载的义务，否则应承担相应的法律责任。除非存在以下三种情形，调查令失效。即调查令的持有者与证据调查令所记载的调查主体不符；调查令形式不合法；证据调查令的履行将导致他人合法利益遭受重大损害，但被调查人必须对此作出说明。

第三，依据调查令所取得的证据的效力：当事人依据法院出具的证据调查令所取得的证据，只能视作当事人为证明自己的主张而提供的证据之一，必须经过双方当事人的质证、认证，才能作为定案的依据。

拟制型污染侵权应回归过错责任

张　宝

本研究报告是中南大学法学院张宝副教授主持的中国法学会 2014 年度部级法学研究青年项目《生态环境损害赔偿机制研究》（课题编号 CLS〔2014〕Y10）的成果精粹。

《最高人民法院关于审理环境侵权责任纠纷案件适用法律若干问题的解释》（以下简称《环境侵权责任司法解释》）第 1 条规定：“因污染环境造成损害，不论污染者有无过错，污染者应当承担侵权责任。污染者以排污符合国家或者地方污染物排放标准为由主张不承担责任的，人民法院不予支持。”根据这一规定，所有污染类型均应一体适用无过错责任并排除违法性，但这一做法，不仅在学说上无法达成一致，还引发了立法和实践的冲突，从而难以实现侵权法对环境纠纷的周延解释和应对。因而需要根据不同污染类型的内在机理和社会效果，对归责原则进行反思和修正。

一、环境污染侵权一体适用无过错归责的困境和悖论

环境侵权在过错与违法性问题上一直存在争议，这一争议大致可以分为两个阶段。第一阶段是 1986 年《民法通则》第 124 条和 1989 年《环境保护法》第 41 条关于环境侵权是否需要以“违反国家保护环境防止污染的规定”为前提引

发的争议，1991年原国家环保总局《关于确定环境污染损害赔偿责任问题的复函》给出了类似上述司法解释的意见后，环境侵权适用无过错责任并排除违法性的观点逐渐成为学理和实践中的“通说”。第二阶段基本是第一阶段争议的再现，2007年通过的《物权法》第90条同样作出了“不得违反国家规定”的限定，但2009年通过的《侵权责任法》第65条则直接表述为“因污染环境造成损害的，污染者应当承担侵权责任”。依据全国人大常委会法工委民法室的解读，居民之间生活污染适用过错责任，主要由《物权法》规定的相邻关系解决；企业生产污染适用无过错责任，主要由《环境保护法》、《水污染防治法》等解决。

总体来看，环境侵权归责原则争议的核心已不在于加害人是否需具有主观过错（事实上，由于环境侵权中的加害人主要是排放污染物的企业，其主观故意或过失已无从探究），而在于达标排放能否阻却责任成立的问题。这一问题不仅未随《侵权责任法》的制定而盖棺定论，反倒在近几年掀起一阵新的“翻案风”，很多学者尤其是民法学者逐渐从解释论和立法论层面质疑环境侵权排除合规抗辩的通说，认为否认达标排放的效力将导致环境侵权沦为绝对责任，有害于工业化之发展。并且，从司法实践来看，在噪声污染、光污染、电磁辐射等案件中，法院多将超标排放作为侵权责任成立的前提。这就提出了一个问题：既然立法、准立法解释、司法解释及行政解释均认为环境污染侵权应适用无过错责任且是否达标排放不影响民事责任的承担，为何在法律适用时却面临着一个“分裂的实践”？为何立法上又会出现反复？

二、一元归责忽视不同污染类型的内在差异

环境问题以其高度科技关联和广度利益冲突为最大特色，投射到法律制度上，体现为环境侵权归责原则必须符合两个“理性”：一是环境问题的科学基础（科学理性），二是利益衡量与分配正义（社会理性）。但是，从立法层面看，我国现行立法并未区分不同污染类型，而是采取了“污染”这一抽象与概括性的概念，其隐含的预设是，各种污染类型之间没有实质差异，可以适用统一规则。但从科学层面看，物质的排放和能量的排放所引发的损害具有本质差异。物质污染的过程，首先体现为污染者在生产、经营、使用、消费的过程中所排放的化学物质或病原微生物对环境介质造成了实质性的损害，进而引发暴露于其中的动植物

或人群产生损害。但对于过量的声、光、热、辐射等能量引发的物理性污染，环境介质仅仅是作为一种传输媒介，排放并未引发生态环境本身的污染，本质上仍是行为直接作用于人身或财产造成的损害，因而属于一种污染的“拟制”。

相较于物质排放引发的“实质型污染”，能量排放引发的“拟制型污染”仅造成特定主体的权益受损，也没有对生态环境本身造成损害，因而不适用公益诉讼；污染行为是瞬时性的，在环境中不发生累积，污染源一旦停止，污染行为也即消失，因而主要适用排除侵害而无须恢复原状，也无须延长诉讼时效；其损害范围、损害程度和损害后果均相对较小，因果关系也较容易确定，因而是否需要适用举证责任倒置值得考虑。更为关键的是，噪声、振动、噪光均为“感觉型妨害”，是否构成“妨害”很大程度上取决于当事人的主观感受，如果没有“人的损害”存在，法律根本没有规制的必要。

实质型污染和拟制型污染在致害机理及其相应社会效果上的差异，决定了采取“一刀切”的规范路径，可能会导致立法逻辑上的混乱和法律适用上的争议。事实上，这些争议在实践中已经发生，环境污染责任和相邻污染侵害的适用关系迟迟难以得到理顺，司法实践中噪声污染、光污染、辐射污染等引发的侵权案件并未否定达标排放的效力等均为适例。这就要求根据实质型污染和拟制型污染的不同特质对现行法律规范进行重新诠释，从而建立正确的解释和适用体系。

三、拟制型污染回归过错责任的正当性

从环境问题的私法应对史来看，无论是大陆法系还是英美法系，法律对于环境问题的调整都是与不动产尤其是土地密切相关联，是基于财产权以及在此基础上延伸的人身权利。因而，现代意义上的环境侵权，事实上是用以应对传统相邻法制不能解决的问题，这也正是为什么大陆法系仍在其民法体系内保持类似于德国不可量物侵害制度以及英美法仍将相邻侵害归属于私益妨害而另行发展出无过错责任或严格责任的原因所在。之所以会有这种制度演进，原因在于企业等法人形式逐渐成为社会的主导力量，产业活动对环境产生的影响已经影响到人类的生存和发展，从而打破了近代民法赖以存在的平等性与互换性根基，使得依据传统侵权规则来处理环境问题会导致受害人存在“结构性弱点”而难以获得救济，故必须通过修正归责原则来实现对不幸损害的合理分配。同时，基于行政法与民法

具有不同的规范功能，符合行政法上的管制标准并不能当然取得阻却责任成立的效力。

但是，就比较法观察，将不同污染类型一体适用无过错责任者极为鲜见，英美法是将严格责任限定于“异常危险活动”引发的损害，欧陆法则主要在大气污染、水污染上适用无过错责任；对于噪声、振动、光、热等拟制型污染类型，多留待物权法上的相邻关系解决，其核心仍是强调邻人的“容忍义务”，并且，在城市化、立体化的新型相邻关系下，容忍义务的判断标准由传统的“经验法则”朝向行政机关制定的限值或标准发展。这意味着，在拟制型污染侵权场合，仍然适用过错责任，只是过错的判断标准发生了变化，超过行政管制标准视为具有过错。

四、《环境侵权责任司法解释》第1条的修改建议

我国《物权法》和《侵权责任法》虽从形式上继承了这种“双轨模式”，但就其规范对象与意旨而言，却可以说是南辕北辙：从规范对象看，《物权法》第90条已经将“不可量物”扩展至现代意义上的“可量污染物”，且“超过国家规定”成为容忍义务的唯一判断标准。从规范意旨看，第90条已经被直接赋予了救济所有环境损害的新机能。这种变化，表面上看体现了生态危机时代法律的“绿化”趋势，但由于未能协调好不同法律部门和法律制度的关系，反倒徒生很多适用上的困难：一是再次引发环境侵权归责原则上的过错与违法性争议；二是使得第90条基本上成为一个作用不大的引致条款。但规则既已存在，接下来的重要任务便是通过法律解释实现教义学上的融通和法律适用上的协调。

一个可能的解释路径为，将《物权法》第90条与《侵权责任法》第65条均作为权利救济方式而非侵权责任的构成要件，构成要件则从具体侵害行为的专门立法中予以确定，进而由受害人根据对自己有利的情形选择物权请求权或侵权请求权。理由在于：

一是消解环境侵权归责原则上存在的学理争议与适用困境。某一污染类型适用何种归责原则和构成要件，取决于规范该污染类型的专门法律对污染行为的界定。例如，对于水污染侵权，根据《水污染防治法》的规定，其并未规定必须超出排放标准方构成污染，因而，只要排放行为造成损害，而又不具备法律规定的

不承担责任或减轻责任的情形，就需要承担相应的侵权责任；而对于噪声污染侵权，根据《环境噪声污染防治法》，噪声污染必须要求超过国家规定的标准，若未超过标准，则不构成侵权责任，若仍造成他人损害的，则可以由法院依据公平责任进行裁量，或者寻求《物权法》上的救济方式。

二是理顺环境污染责任与相邻污染侵害的适用关系。《物权法》第90条作为一个引致条款，其中的“国家规定”导向了固体废物、大气污染物、水污染物、噪声、光、电磁波辐射等领域的专门性规范。对此，受害人可以选择物权请求权或者侵权请求权，除了根据拟制型污染和实质型污染的差别分别适用过错责任和无过错责任外，更为重要的是，对于未制定标准或者已制定标准但行为人未超标的情形，就可以以物权法上的容忍限度加以补充，由法官通过经验法则来判断是否超出容忍限度，从而发挥物权请求权的利益调整功能。例如，对于低频噪声，在法律未制定相应的限值或标准之前，其很难作为法律上的“噪声污染”而适用环境污染侵权责任，但科学上已表明低频噪声对人体健康的危害，若行为人违背社会生活的一般经验排放低频噪声，则可以以《物权法》第90条寻求救济。

依此为指导，建议将《环境侵权责任司法解释》第1条第1款修正为：

因排放有毒有害物质污染大气、水体、土壤环境造成损害，不论污染者有无过错，污染者应当承担侵权责任。污染者以排污符合国家或者地方污染物排放标准为由主张不承担责任的，人民法院不予支持。因排放噪声、振动、噪光、电磁辐射等造成损害，超过国家或者地方污染物排放标准的，人民法院应按照环境污染责任纠纷审理；未超过国家或者地方污染物排放标准，或者不存在国家或地方污染物排放标准的，人民法院应按照相邻污染侵害纠纷审理。

中国土壤污染防治法律实施机制研究

郭冬梅

本研究报告是西南政法大学郭冬梅副教授主持的中国法学会2014年度部级法学研究自选课题《中国土壤污染防治法律实施机制研究》（课题编号CLS〔2014〕D107）的成果精粹。

由于土壤污染具有的人为性、隐蔽性以及长期性特点，土壤污染问题至今仍是我国环境污染问题中较为严重的一种。党的十八大指出，把生态文明建设放在突出地位。党的十八届五中全会要求，加大环境治理力度，以提高环境质量为核心，实行最严格的环境保护制度，深入实施大气、水、土壤污染防治行动计划，对土壤污染进行治理是我国国情的迫切需求。

以历史的视角来看，各国均不免经历了“先污染后治理”的进程。我国对于土壤污染的防治经历了从单向关注到综合经济、科技、政治领域的全面化涉及的过程。《全国土壤污染状况调查报告》明确指出了我国土壤污染的国内境况，国际组织的发展、国际会议的频繁、国际环境法的成熟、国际经济贸易中的绿色屏障制度等显现了我国进行土壤污染防治的国际需求。英属哥伦比亚、巴西的现实绩效给我国提供了积极的范例。可见，在法治缺失的条件下治理土壤污染，必然是盲目的以及低效的。党的十八届三中全会作出了全面推进依法治国的重大历史决定。在土壤污染防治的领域上，全面推进依法治国，必须通过法律制度的构建、法律执行的强化以及法律观念的普及。

法治基于在社会文化背景之下的独特地位，具有深厚的理论基础，承载着我国土壤污染防治的基建性作用。

可持续发展理论自我国 1972 年参加斯德哥尔摩人类环境与发展大会及开始进行生态外交以来，便成为我国治理环境问题的基本理论。我国文化土壤下的可持续发展理论，强调平等、追求和谐、讲究顺应自然、自在调和并始终以柔和的姿态贯彻在我国的经济、社会、文化建设之中，体现着我国社会主义核心价值体系在环境理论领域的深入与渗透。

在斯密、科斯、庇古、霍布斯等学者的基础构建以及成本理论、外部性理论、国家干预理论、公共产品理论、庇古税的发展之下，法经济学理论对于土壤污染防治法律经济、污染监测、执法效益等层面的分析均产生了积极的现实意义。

在国际法的基础理论层面上，国家主权理论、自然资源永久主权理论强调了国家在处理土壤问题过程中排他的自主权以及对于自身自然资源享有的应然且实然的权利。为一国在国际社会监督下，实现自身管理之重要基点。全人类共同但有区别的责任理论为我国在跨境的土壤污染问题的处理上提供了理论对策。环境权理论将人权置于环境视角考量，对于公民就土壤污染问题享有的当然参与监督权，做了国际法确信。

可持续发展是价值追求、法经济学理论是运作导向以及国际法基础理论是国际保障，三者共同形成了我国土壤污染防治的法治根基。

从各个国家对土壤污染的治理措施来看，其产生的积极面对我国的土壤污染治理具有导向性。首先，制定专门的土壤污染防治体系，使得治理工作在程序和实体上都有法可依，也避免了各单行法规的标准冲突；其次，按照土壤质量状况进行分级，加强对污染土壤的长期监管，并定期将监测土壤的质量状况反映给相关部门，以便采取针对性防治措施，同时便于土壤所有者、使用者能根据不同土壤状况，开展相应的开发、利用；再次，要形成长效的资金保障体系，使得防治土壤污染切实可行，及时排除污染扩大的影响因素；最后，利用公众参与的力量去监督行政机关的管理行为和土壤使用者的生产行为，拓宽诉讼渠道，使得公众可以根据土壤污染对自身的侵害依法保障合法权益。

在汲取发达国家土壤治理的精华时，我国结合自身的实际情况，确立了以预防为主、公众参与和损害担责的土壤污染防治基本原则，并在这些指导性原则的基础上衍生出相应的防治具体制度，如土壤质量评级制度、土壤规划制度、土壤监测及信息披露制度和土壤环境风险评价制度等，使得我国土壤治理更加强调了整个过程治理的递进性，从源头出发防止污染产生和扩大，减少了“先污染，后治理”的消极影响。

就我国在土壤污染法律方面的问题而言，其现实存在的问题主要有以下几点：

（一）缺乏具体法律构建

虽然土壤污染防治法正在起草，但是应当注意的是，哪怕其在2017年左右最终实行，囿于其法律位阶，不可能有太多的具体规定，还需要进行相应的部门规章等具体的、可操作的规范性文件的构建才可能填补相应的法律空白。可以预见，离最终相应的可操作的规范性文件施行还有相当的一段时间。而面对我国较为严峻的土壤污染防治问题，这个空窗期是十分宝贵的，不应当浪费。虽然土壤污染往往作为其他污染的二次结果，似乎通过对其他污染强化治理也能从另一层意义上解决土壤污染的问题，但是其毕竟不是直接的，在我国土壤污染监测系统还未搭建之前，这种间接手段的效果是值得质疑的。同时，虽然通过兜底条款能够对环保部门授权进行相关的环保工作，但是且不说犬牙交错职权分配格局，单单从这种授权是否可能导致环保职能部门职权的不合法扩张而言，也是值得我们怀疑的。因而，在土壤污染防治法之前有必要通过地方条例等较低位阶的部门规章对这部分工作进行规范。可以参考诸如湖北现正在审议的《土壤污染防治条例》的做法。这部分规范性文件应当对环保职能部门的相关职能通过列举式的做法进行扩张，同时也应当构建一个可能的议事协调体系。土壤污染防治法出现之前对土壤污染防治工作进行相应的规制。当然这部分规范必须是在环境保护法的大框架之下构建。由于这部分内容的最终目的在于对这段空窗期进行填补，故其在土壤污染防治法最终实施之后逐步被相应的规范性文件取代。综上所述，一个完善的土壤污染防治体系构建之前，有理由出台相应的，具有应急色彩的规范性文件。

（二）关于土壤污染防治财政的管理体系的法律规制

首先，我国现有的生态补偿金仅仅是政府生态补助的一个名义。其并没有实现独立核算。在我国已经进行的相关补偿金工作之中，在许多方面出现了严重的问题。尤其是在涉及多个部门的问题上，生态补偿金的管理和使用是混乱的。其次，由于排污费改税在我国也仅仅是刚刚起步，排污费还会在我国存在相当长的时间，加之环保职能部门还有相应的罚款权限，这两种财政收入的管理在我国还是较为混乱且数额也是较为庞大的。要在短时间内实现这类财政独立核算，独立使用是有难度的，只有通过逐步的、渐进的方式才能实现最终的有效管理。而在现阶段，至少应当实现资金最终流向的公开，也就是和整体政府财政公开绑在一起，对于这类资金不应当只有总体的大数字，而应当能够确定再往下一层的款项使用。即使这点做不到，对于环境保护工作的支出，也就是这部分财政法定的用途亦应当具体化，以方便和这些财政收支对比。现有的国务院关于政府信息的公开条例对此并未作出相应的规定，建议在这个问题上为政府设定相应的公开之义务以及相应的责任。除此之外，山西省的土地治理金虽然在具体实践之中也出现了和排污费相类似的问题，但是在初始设定上已经具有相对独立的可能性。由于相关法律的修订，这一资金暂时停止征收，实际上也是一个机会，能够对这个制度进行相应的改造，使之实现其预期的目标。同时，这种做法如果在山西实践成功，也可以把这个制度进行推广。但是同样的，这一制度也应当在法律规范之下进行操作，其现有的法律依据甚至只是一个所谓的“其他规范性文件”，这个是有必要进行规范的。综上所述，在财政管理的问题上，现阶段情况下，应当通过相应的规范文件推动政府对环境财政资金进行更具体的公示。另外，对于诸如山西治理金等存在可能独立核算的相关制度进行改造、实践，甚至推广，通过这一手段规避可能因传统财政管理方法所导致资金使用效率低下等问题。

（三）关于环保市场的相应法律规范

随着相关政策和规范性文件的出台，我国的土壤污染防治的市场主体近乎爆发性地增长，大量市场主体进入这个领域，难免出现鱼龙混杂的情况。在现阶段，这部分市场主体的规制只能使用一般的规则。但是土壤污染防治，乃至环境污染防治的市场，其所涉及的相关利益事涉国民生存之基础，其重要性甚至可以类比核电等行业，对于这部分主体的资格等问题，公权力应当介入并进行调整。现行的环境法及其特别法，囿于行政法的设定，对这个领域也缺乏规制。在缺乏相应法律法规的情况下，至少应当出台部分效力较低的规范性文件，对其进行规制。而不能为了市场化而市场化，过分开放这种敏感的领域。而且，哪怕推测具有上千亿的市场，一年之内近千家的污染治理公司的井喷式注册也是不正常的，换言之，现在的污染治理市场是有风险的。按照古典经济学的理论，部分资质不行的企业最终会被市场淘汰，环境市场自然也是适用这个规律的，但是这部分也许会被淘汰的主体在被淘汰之前可能造成什么影响，乃至危害，是不可控的。因而，有必要对这部分市场进行规制，而不是一味地鼓励，在可能的经济法未出台之前，先行通过行政立法设定相关行政规章或是部门规章，防止可能的风险。

（四）关于检察院提起环境公益诉讼的问题

我国在环境侵权之诉中设定了举证责任倒置的原则。对于一般的民事环境侵权而言是没有太大问题的。但是问题在于一旦诸如检察院等强势主体通过公益诉讼介入环境污染的纷争，这种规则是否还应当延续。在这个情况下，原被告双方的实力对比并不像一般民事环境侵权一样悬殊，甚至可能相对于一般民事侵权的力量对比发生逆转。这种做法是否妥当是值得怀疑的。但我国审判实际和相关文件却承认了这一规则的适用，当然，这可能有着形势政策的考虑。同时，由于检察院本身还负有监督法院的职责，哪怕其在程序上作为原告进入法院审查，但是实际上这种地位转换是不可能这么容易实现的，其监督者角色的色彩是洗不掉的。针对第一个问题，举证责任倒置如果不是基于形势政策考虑，有加重企业责任的取向的话，应当在公益诉讼之中排除这个规则的适用。而对于第二个问题，则可以采取类似行政诉讼异地起诉的做法，规避本地法院受制于检察院的可能性。

中国试点碳排放交易市场化法律保障机制的不足及对策

王　燕　张　磊

本研究报告是广东外语外贸大学国际商务英语学院王燕副教授主持的中国法学会 2014 年度部级法学研究自选课题《碳排放交易市场化法律保障机制及其本土化研究》（课题编号 CLS〔2014〕D108）的成果精粹。

2013 年至 2014 年，中国七省市试点碳排放交易市场陆续投入运营，并业已完成第一个履约期。因立法仓促，七省市碳排放交易各市场化法律保障机制尚存欠缺，亟须完善。例如，可在总额限定及分配机制上做碳泄漏的预防设计，实施先期减排激励措施；在碳价调控机制上增加总量调控方法，适当减少政府干预；在履约保障机制上强化排放监控与核查。

2013 年至 2014 年，中国七省市试点碳排放交易市场实现了 96. 9%—100%的履约率。碳交易作为温室气体总量控制的市场化手段，在中国尚为新生事物。七省市均存在法律保障机制不足的现象。借助于对欧美碳排放交易市场法律制度和机制的分析，对七省市相关法律进行比较，本研究报告形成下述观点。

一、七省市碳排放额分配机制的不足及建议

（一）七省市碳排放额分配机制的不足

1. 配额管理对象覆盖行业过广

从七省市配额管理对象的构成来看，排放集中行业成为首批控排对象的首选，但各省市选择行业不尽相同，其中广东省的规定相对合理。譬如，其他省市分别将商业、航空、建筑业、公共机构等纳入控排行业。第一，公共机构并非盈利组织，决策具有非成本敏感性，因而并不适宜在市场机制下纳入控排；第二，商业领域、建筑业等监控难度很大，航空业境外航班单边控排碳竞争力影响较大，亦不适于早期控排。

2. 碳排放额初始分配未做碳泄漏防范的制度设计

2013 年，欧盟温室气体排放贸易机制（EU-ETS）对碳排放额分配的重要改革便是在碳排放额无偿分配的程序中纳入了碳泄漏程度的考量，根据各行业、企业生产产品的碳泄漏程度给予不同的照顾。随着减排阶段推进，中后期配额分配拍卖比例提高，企业承受的减排成本增大，容易在国际市场上丧失竞争力，因而剩余无偿分配的碳排放额应尽可能向碳泄漏程度较高的企业倾斜，具体体现为碳排放成本在生产成本占比较高或出口比例和进口替代比例较高的产品。

目前广东省有关碳排放额分配尚未做碳泄漏预防的制度设计，亦未在配额无偿分配中对碳泄漏程度较高的企业做适当倾斜。

3. 配额分配制度上减排激励性不足

在配额分配制度上，广东省现有制度较为粗糙，欠缺激励性制度，具体体现在两个方面。一是授让机制的缺失。境外碳排放额分配管理规定中的授让机制允许企业淘汰落后高排放设施，投资低排放设施，旧设施获得的排放额授让于新设施。这项规定几乎在我国七省市碳交易的试行法规中完全缺位。二是先期减排行为的鼓励机制。基于碳交易初期配额分配以历史法为主，那么应对减排前已采纳高能效设施和技术的企业进行配额“奖励”，即对其先期减排行为实施激励，否则在能效高和能效低的企业之间配额分配不尽公平，但目前这种规定也是缺失的。

（二）改善七省市碳排放分配机制的建议

由前述分析可见，我们建议七省市首先对配额管理对象进行修改，将公共机构剔除，并对各行业纳入控排管理进行阶段设置，2015 年仍以工业行业为主，并开展对辖区内高排放单位产品生产状况、不同严厉程度的减排制度下碳成本占生产成本的比例、贸易外向程度、竞争力及替代产品情况、减排技术的资金和技术可得性、单位减排成本等情况进行调研，并根据调研对之后各年度纳入控排管理的行业进行规划。各行业的阶段性纳入应根据行业外向程度、碳成本占生产成本比例、减排边际成本的情况进行综合考量。

其次，我们建议在碳排放额初始分配上，各控排企业无偿分配的配额应作碳泄漏调整，可参考 2012 年欧盟温室气体排放贸易机制（EU-ETS）无偿分配碳排放额清单，设定广东省碳排放管理配额分配优先照顾的企业，重点根据企业碳成本占生产成本的比例和企业产品的外向程度来设定。并且，我们建议设立“先期减排奖励”制度，在各企业碳排放额初始分配过程中，倘若适用“历史法”的，应区分在基准年度能效高的企业和能效低的企业，单位产出碳排放高或低的企业，对于已在基准年度前采纳减排技术和设备的企业在碳排放额分配中无须完全依据“历史法”进行核算，而可以在排放额限定时作适当奖励。

最后，我们建议在排放额分配中增加“授让机制”，即鼓励控排企业以能效高，排放低的设备代替能效低、排放高的设备，对于在规定期间进行设备更替，并成功运行满足一定时间以上的企业，允许其“承继”更替设备前的排放额。

二、七省市履约保障机制的不足及建议

（一）七省市抵消机制的不足及建议

抵消机制在境外碳交易市场中均为重点法律保障机制，以进一步提高企业减排灵活性，降低减排成本。除北京市制定了较为详细的抵消规定，其余六省市抵消机制主要限于中国自愿减排核证项目，广东省也不例外。借鉴境外经验，抵消机制设置应在抵消项目规定上注意防范抵消项目“多余性”、“虚假性”问题，注重抵消项目的监控。因而应明确废除工业废气捕捉项目；在企业森林碳汇、能效提高、可再生能源发展等项目上可从正面清单和负面清单两种立法技巧上对抵

消项目的多余性加以控制，扩大抵消项目的同时，也避免放松对抵消项目的监控。另外，抵消比例的设置可考虑借鉴 RGGI 的规定采纳弹性比例方式，设定最低抵消置换比例，进而根据碳价上升的情况逐步增加抵消比例。

（二）七省市排放监控及核证机制的不足及建议

当前中国七省市排放交易所采用的报告及核证方法主要是根据控排企业当年化石燃料的使用量，乘以一定的排放系数来确定。这种监控方法本身不尽准确，客观性和自动报告性更差，易人为修改。

因而第三方核查制度成为保障排放数据准确性的主要制度保障。从目前各省市规定来看，第一，只有广东省对核查机构核查业务分行业来限制，较之其他省市笼统地授予核查资质要相对合理。第二，各省市核查资格获得途径和要求不够透明化，相对而言，深圳市地方规定较为明确。第三，各省市核查机构的独立性要求过于简单，欠缺欧美碳交易市场动态风险控制的规定。第四，除了上海市，各省市核查方法和程序对于核查阶段和程序的区分和风险隔离措施过于简单，不能清晰地划分不同核查阶段的职责和责任，亦不足以通过程序降低核查机构“寻租”的可能性，在面临数据缺失、方法不足等问题时，没有应对的措施。

三、七省市碳价调控机制的不足及建议

课题组对七省市碳交易碳价调控法律的研究发现，七省市碳价调控机制单一，政府干预痕迹明显，亟待改进。

（一）七省市碳价调控机制的不足

1. 欠缺整体认识基础上的碳价调控机制立法

我国对碳价调控机制的法律构建，须与碳排放额产权确认机制、存储机制、预借机制、抵消机制、链接机制等进行整体共建，而避免碳价调控机制干预前述机制的运作，或前述机制不当的制度安排抑制碳价调控的有效性。

2. 欠缺碳排放总额调整机制

最有效的起到碳价调控作用的碳排放总额调整机制目前在七省市试行法规中缺失。对于一个数量调控工具，理论上，数量调整方能发挥最大的效用。并且排

放总额供过于求或不能反映减排目标在减排初期甚至是中期均为常态。对这些不能实现预期减排效应的过剩排放额，倘若均靠政府从市场上回购的方式，必然会对财政施加较重的负担，也会使得一些被超额分配排放额的企业从中渔利。

3. 避免政府的过度干预影响市场机制的自发调节

碳价调控机制为应对市场失灵而进行干预，但要预防干预过度，从而破坏市场机制的作用。第一个体现便为碳排放额一级市场底价与二级市场价格“倒挂”的现象。广东省 2013 年将 3%的排放总额通过拍卖的方式分配给控排企业，拍卖底价为 60 元/吨，但忽略了二级市场价格在低于拍卖底价时对一级市场拍卖的抑制。第二个体现便是碳交易的单日涨跌幅限制措施。例如，上海市及广东省对碳价设置的 10%的单日涨跌幅限制。这些举措在本研究看来并不值得提倡。

（二）完善七省市碳价调控机制的建议

针对前述问题，我们提出如下建议：（1）碳价调控机制与抵消机制的联动，参照 RGGI 有关碳价调控与抵消机制的联动性，抵消比例并不一概设置为 8%，而是根据碳价走势进行调整。例如，可规定抵消起始比例为 5%，当碳价连续 6 个月平均价格达到一定幅度后，就意味着市场碳排放额稀缺性较强，将抵消比例提高至 8%。当碳价继续上涨，连续 6 个月达到第二梯度时，将抵消比例调整至 10%，由此便可实现碳价调控机制与其他相关制度的联动效应。（2）增加碳排放额总量调控方法，建议增加碳价的碳排放额总量调控方法，即在市场上碳排放额过于充裕时，削减或修改下一年度碳排放总额，从根本上达到改变碳排放额供应的效果。（3）修改碳排放额拍卖底价规定，当碳排放额拍卖底价高于二级市场交易价格时，说明市场上碳排放额供给充分，政府不应进一步增加供给而恶化供求关系，因而我们建议对碳排放额的拍卖增加拍卖保留和取消条款，当碳排放额拍卖底价高于二级市场碳排放额交易前 3 个月平均价格时，暂时取消拍卖。

四、产权确认机制的设置及建议

碳排放权在西方理论被认为是私人财产权；在中国学界被普遍认为是用益物权或准物权。

当前各国所适用的排放交易制度暂未通过财产制度确定下来。美国 1990 年

《清洁空气法》、加州《健康法典》、路易斯安那州相关法律明确否认排放额为财产权的权利属性。澳大利亚《清洁能源法》曾一度承认碳排放权的财产权属性。

倘若要在立法中确认排放额为用益物权，必须意识到政府根据减排制度的安排可能无偿征用及注销私人所持有排放额的可能性，并在立法中确认该种政府行为的合法性。由此而言，私人对排放额所享有的仅为“受管制”的用益物权，其法律保护的内涵和边界并不包括政府对该用益物权的分配和征用。这样的立法，当然要肯定其有一定的积极意义，对其财产权属性的确认有利于在财产制度上进行进一步创新，包括《物权法》下对该用益物权设置权利质押，《公司法》下以该用益物权作为出资方式等。但也必须看到，这种立法难度很大，管制财产权（regulatory property right），如前文所述，当前还主要为理论上的建树，这样的立法无论是与现行普通法系还是大陆法系的财产制度均差异较大。它不仅认可政府对私人财产干涉的合法化，也可能导致私人对排放额的转让因政府的无偿征用而争议增加。尤其当前中国处于建立碳排放交易市场的初期阶段，政府对排放限额进行调整的可能性较大，故本文作者认为当前对排放额进行立法确认为财产权暂不必要。随着中国排放交易体制趋向稳定，并在制度中设置若干政府可在支付对价的情形下合理调控排放额的情形后，再对排放额确认为准物权。

五、碳交易救济机制的不足及建议

（一）七省市当前碳交易救济机制的不足

中国七省市碳交易法规如前文所述对碳排放总额限定及分配、碳排放额的削减和回收以及温室气体排放的损害赔偿等几乎均未作出具体规定。碳交易法律有关救济机制的缺位会引发三个问题。

第一，温室气体减排的利益相关人欠缺救济机制，司法正义无法获得保障。

第二，无法根据可能发生的争议而在碳交易立法中作避免和减少争议的法律制度设计。避免碳排放总额削减及回收引发的争议，在设有违宪诉讼的国家，不同宪法措辞的诉讼风险不一样。对碳排放额是否确定为法定财产权，其产生的诉讼效应也是不一样的。

第三，无法推动符合中国人民利益的减排立法。中国当前的碳交易立法完全是“自上而下”推动的，在事前咨询机制不足的情形下，事后机制的进一步欠缺会使政策制定者丧失了解中国企业和人民对前述问题的真实想法，亦难以科学、民主地推动中国减排立法的进一步发展。

（二）完善碳价救济机制的建议

中国碳交易救济机制的完善应包括四个方面。第一，在我国碳排放交易运行成熟，碳交易立法相对完善后，针对碳排放总额限定及分配、碳排放额回购设置行政救济机制。当前我们对控排企业历史排放数据的缺失、碳交易减排效应的不确定性、我们对大气科学认知的错误等都有可能导致错误的碳排放总额限定或分配。这成为当前制约我们授予控排企业相关领域救济权的原因，但这不能成为制约我们碳交易救济机制构建的长期原因。从长远来看，增进控排企业对碳交易的信心，保障利益相关人的充分话语权，碳排放总额限定及分配和碳排放额的削减及回购应成为《行政复议法》和《行政诉讼法》下可予以复议和诉讼的事项，应予以受影响的民众和碳排放企业提起复议和诉讼的权利。第二，民事救济机制的强化。环境规制的改善往往与一个国家公民社会的兴盛程度呈正相关关系。允许境外知名环境公益组织在我国开展环境公益活动，包括独立及联合我国本土环境公益组织发起环境诉讼。并对环境公益诉讼的成本进行补偿等将促进我国环境非政府组织的发展。第三，改善责任体系，强化行政机构减排规制不力和不作为的责任。第四，设置公益保护和救济非诉机制的设置，应建立气候灾难防治基金，根据污染者付费原则从高排放企业的税后利润中进行提取。

环境侵权受害者权益保护研究

韩德强

本研究报告是最高人民法院法研所环境司法研究中心主任韩德强研究员主持的中国法学会2014年度部级法学研究自选课题《环境侵权受害者权益保护研究》(课题编号CLS〔2014〕D111)的成果精粹。

一、环境诉讼禁令制度独立构成尚待完善

党的十八大报告明确提出要把生态文明建设“融入经济建设、政治建设、文化建设、社会建设各方面和全过程”的战略部署，首次将生态文明建设置于前所未有的高度。在这样的大背景下，对环境污染、生态破坏的预防显得尤其重要。环境诉讼禁令制度具有显著的预防功能，但其在我国司法实践中可谓是“有实无名”。在裁判文书中可以看到禁令制度的侵权责任的承担方式，此为“有实”；但裁判文书中却看不到禁令二字，且常见的是将责任形式看作损害赔偿制度的责任形式，有些许“张冠李戴”，此为“无名”。因此，本部分将先分析我国环境诉讼禁令制度的司法现状及其问题，并分析该制度的意义。司法实践中，预防性措施（禁令）提出比例大，但“胜诉难”。笔者曾在中国知网（CNKI）、万律（Westlaw）等数据库中以“环境污染”等关键词收集、分析了150件环境侵权案例。整体上，涉及环境禁令（即停止侵害、排除妨碍等责任形式）的案例共70件，胜诉33件。2010年侵权责任法实施至2013年新民诉法实施期间，在43件

案例中，共19件涉及环境禁令，胜诉8件；2013年起至2014年6月，23件案例中有9件涉及环境禁令，胜诉5件。基于这种参考，可以得出，环境诉讼禁令案例比想象的多，但胜诉率不高，败诉原因集中在因果关系证明环节。我国环境侵权法律中虽有因果关系举证倒置的相关规定，但缓和举证责任之实并未普遍落实。因此，如何缓和原告的因果关系举证责任是胜诉的关键。另外，理论研究重"责任形式"，轻"禁令"实体。在环境诉讼中，禁令制度表现为停止侵害、排除妨碍、消除影响等责任形式，这几种责任形式在《民法通则》、《侵权责任法》等规定中有所体现。不过，环境侵权相关法律中尚无明确"禁令"的规定，这也是引起环境禁令理论不清晰的原因之一。

例如，关于责任形式归属问题的争议纷起，进而使得要解决环境禁令理论问题，就需要厘清责任形式的法理根据，以及责任形式与禁令请求权的关系。如今，有学者明确提出将停止侵害、排除妨碍、消除危险等责任方式区别于损害赔偿责任方式，但相关讨论大都集中在责任承担形式这一层面（对禁令制度）进行讨论，并没有进一步深入探究这些责任方式的实质根据是什么。换言之，没有将这些责任形式归纳到禁令制度这一层面。这种局面带来如下弊端，即停止侵害、排除妨碍、消除影响等责任形式的判断基准容易模糊不清。这些责任形式区别于损害赔偿，具有预防性功能，其判断基准也应当与损害赔偿有所不同。比如，一般不要求损害要件，如有损害，更利于认定责任构成要件；如无损害，不能成为否定责任的理由。另外，在因果关系上，正因为是一种预防性措施，所以没有发生损害，何谈"因果关系"。此时，便需要采取与损害赔偿要件不同的方式，来缓和因果关系无法证明的矛盾。显而易见，这类责任形式是具有区别于损害赔偿制度的特点，实质上是禁令制度的表现形式，需要成立单独的判断基准。无制度之区别，则易生混淆之弊，有碍预防性措施的司法化，最终不利于生态文明的法治建设。

二、环境侵权责任形式体系尚待完善

侵权责任法是建立和完善多元化的受害人救济体制中的基础性法律和制度基础，既具有填补功能，又具有预防功能，应当高度重视。对于应承担侵权责任的行为，责任形式该当如何理解，便是侵权责任法具体适用中值得探讨的问题之一。

关于停止侵害、排除妨碍、消除危险，学界存在不同见解。第一，相对否定论，抑或肯定论。有关侵权行为民事责任承担形式的争论，集中表现在：具有物权请求权特性的停止侵害、排除妨碍、消除危险、返还财产等形式能否纳入侵权责任形式。现下主要有相对否定论和肯定论两种意见："相对否定论"者主张将停止侵害、排除妨碍、消除影响、返还财产划入物权请求权的范畴，将恢复原状作为损害赔偿的特殊形式，不赞同将返还财产、消除影响作为侵权责任的方式，同意把停止侵害、排除妨碍作为环境侵权等场合的侵权救济方式。当然，在侵权责任法出台后，该观点也从解释论的角度对法律规定的责任形式进行了解释，在一般侵权行为的场合，实行所谓过错责任原则，仅指损害赔偿（或曰赔偿损失）、恢复原状、赔礼道歉、消除影响、恢复名誉以过错为成立要件，不宜强求停止侵害、排除妨碍、消除危险、返还财产也以过错为成立要件，停止侵害、排除妨碍、消除危险、返还财产难以与归责原则恰当地对应。同时该观点强调"在同一侵权行为发生后，既需要损害赔偿（含恢复原状）又需要返还财产或排除妨碍或消除危险时，侵权责任法和物权法共同解决问题，承认物权请求权和侵权损害赔偿（含恢复原状）并存，从而妥当地处理案件"。类似的见解还有"这些请求权都不是侵权行为的请求权，侵权请求权仅指损害赔偿请求权。上述这些请求权只能称作损害赔偿之外的补充性的请求权"，"绝对权请求权与侵权责任应当分离"，"我国立法应将返还财产、消除危险、排除妨碍、停止侵害几者从侵权责任承担方式之中解放出来，将其归入物权保护请求权制度之中，这时的侵权责任只应是损害赔偿责任"等。在侵权责任法通过之前，也有观点认为在立法上没有厘清物权请求权和债权请求权之间的界限时，实务中应当由最高人民法院拿出关于对绝对权请求权与侵权请求权进行区别的司法解释以应急需。与此相对，"肯定论"认为侵权责任就并非对应着债的法律关系，多种责任形式并存也算是"侵权责任法中的'中国元素'"。在人格权法或民法典制定以前，侵权责任法对绝对权保护进行全面的规定是合理的。对于"相对否定论"，本文认为值得商榷。侵权行为的责任承担形式不能仅限于损害赔偿一种，排除妨碍、消除危险、恢复原状等责任形式并非物权请求权所独有。"正如侵害物权的情形，如果产生与侵权行为不同的物权请求权，当然能够提出排除妨害或者预防妨害的请求。不过，依据判例与学说，如果是产生的妨害排除请求权，除了物权，也能够扩张到无财产权或人格权这样的支配权，以及借贷权这样的特殊债权。因此，将其予以扩张，无论作为解释论或者立法论，或是作为侵权行为的效果，一般也能够接受应当承认损害发生排除或者预防请求权这样的观点。”从立法上观之，亦不乏其例。而且，“责任形式越丰富，表明对受害人的救济越完全。责任形式的多元化，是对传统债法理论的突破，也丰富和完善了债法理论。传统上，侵权行为产生债的关系，这主要是因为在侵权责任形式限于损害赔偿。但是，根据我国《侵权责任法》第 15 条采用了多元化的侵权责任形式，在此背景下，我们不能说侵权责任形式都是债的关系”。

第二，损害赔偿的主义之争。关于损害赔偿的方法，存在自然回复主义（或称原状回复主义）与金钱赔偿主义。德国民法以自然回复为原则、金钱赔偿为补充（德民第 249—251 条），日本民法与罗马法和法国法基于实际上的便利，采用了金钱赔偿主义（日民第 417 条、第 722 条），在今天货币经济条件下，采用金钱赔偿原则，在大多数场合之于双方当事人是有利的。换言之，在损害赔偿的方法问题上，日本、法国和德国采用的是完全相反的损害赔偿原则。其间也有居中观点，认为“金钱赔偿和恢复原状二者并不存在原则或例外之分，损害赔偿的方法由法院斟酌情事和过失的轻重来确定”。对此，我国存在“独立吸收”观点，认为绝对权请求权应当与侵权责任分离（即“独立”——笔者注），我国侵权责任形式也应分别纳入传统上的“恢复原状”和“金钱赔偿”之下（即“吸收”——笔者注）。因此，我国侵权责任形式应当回归传统，仅包括恢复原状和金钱赔偿两类。该说主张的损害赔偿方式与日本传统民法的损害赔偿（包括金钱赔偿和原状回复）有相似之处。自然回复主义也好，金钱赔偿主义也好，二者均为受害者所遭受侵害利益之保护而设，更多的是一种手段，这一点与新近出现的禁令请求权理论是异曲同工。所不同的是，前两者是事后救济，而后者则为事前预防。在选择上，可以考虑历史传统、地域性等因素，并非仅仅由理论上之优劣比较而定。笔者以为，对于损害赔偿的内部论争，不能一概而论，应当综合分析并根据具体情形而择。对于一般情况，鉴于金钱赔偿之种种优点，可以以此为手段达到回复受害人利益之目的。对于特殊情形，如损害名誉，是否能依旧适用金钱赔偿，未必不可，但鉴于精神利益自身特点（如无形性），应当适用更能救济其回复的“原状回复”。

第三，八种论，抑或两大三小论。在我国已进入实施阶段的侵权责任法中，侵权责任形式采用了较为具体的八种论，对于司法实践中的判断上显得较为复杂，解释上仍存疑难，若能将其体系化、简约化，则更便于司法的具体适用。因此，笔者尝试以此为角度对其进行论述，即分为“两大三小”：“两大”类包括损害赔偿与禁令请求，“三小”是“两大”的进一步细分，即包括金钱赔偿、原状回复、禁令请求。其中，关于恢复原状与禁令请求之间的区别，一是对于过去发生、现在停止的侵害，关于请求权的形式并无大的争议，被害者可以请求“损害赔偿”，或者金钱赔偿，或者狭义的原状回复。二是对于过去发生、现在继续的侵害，对请求权的形式存有争议，因为对于究竟是“原状回复”还是“禁令请求”，存在一种“竞合”表象。一方面，请求对该部分侵害进行“损害赔偿”（金钱赔偿或者原状回复）之后，侵害行为自然停止；如果侵害行为再次发生，那么可以再次请求相应的“损害赔偿”。另一方面，对于现在持续的损害，不仅是现在受到侵害，将来更可能继续遭受“苦果”，因此对将来的这种可预测的、具有确定性的损害进行防御，进而提出“禁令请求”，如水污染。三是对于现在没有发生，但存在发生危险的侵害，对请求权的形式也无大的争议，被害者可以请求提前“禁止”，更多意义上是一种预防，如即将投入运行的机场。可见，原状回复与禁令请求的“竞合”集中在第二种情形。如是，适用对象成为二者区别，即原状回复是针对现在存在的损害，而禁令请求是针对将来具有确定发生性的损害与现存的损害。在竞合时，可以由当事人合并使用请求权，即被害者可以同时提出损害赔偿请求与禁令请求，以保障被害者的法益。

三、他山之石——日本法借鉴

法的根据论上，损害赔偿生成于侵权行为，但在禁令请求来源上产生问题。作为侵权行为的法律后果，除了名誉毁损情形的原状回复措施，传统日本民法承认的只有损害赔偿，而没有承认禁令请求。但现如今，以围绕公害问题等为中心，在民法领域里一定程度地承认了禁令请求，并致力于思考因此产生的法律构成。对其法理上根据，也出现了有力学说，如将侵权行为构成与权利构成混合的二元说、秩序违反说、违法侵害说等。该责任形式涉及哪些已经存在的侵害或者可能存在的危险可以作为申请对象，以及申请的法理依据问题。往往一个商业行为活动既对社会周边地区提供了必要的便利条件，同时也会给邻近居民带来一些生活上的不安因素，如机场噪声。理论上，对于个人即使没有具体损害发生，如果“良好环境”被侵害或者存在被侵害危险，原则上应当认可请求禁令。尽管这个问题无论是在法理上还是在司法裁判中，在日本也是一个迄今为止并没有得到绝对共识的问题。最近修改民法的建议稿中也包含了“新设”的“禁令请求”的条款。如是，侵权责任法不再是“向后”、回溯既往地补偿过去的损害，而是要“向前”，积极预防未来的损害；侵权法不再是被动地去填补损害，而是主动和提前介入我们这个“风险社会”的一切“风险源”之中。

以禁令请求问题具有代表性的环境诉讼为例，有力说认为，禁令请求要件应当包括实质被害、加害者的利用方法的地域性适合度、加害者的可能期待的经济措施实施、环境影响评价与对居民的说明等手续履行、对是否违反法规并不充分时是否容忍或部分容忍请求禁令、对被害与加害者牺牲利益+社会经济损失的规范的比较衡量（多层次论）。该观点详细界定了禁令请求的轮廓，既从社会利益与可容忍角度入手，又对加害者本身利益进行衡量，符合社会利益平衡。可见，由于带有“事先救济”因素，禁令请求要件与损害赔偿要件相比而言，要求更高一些，如在违法性上。当然，“对为承认请求所需违法性之程度而言，很难说禁令请求一律高于赔偿请求，即使侵害行为之公共性较高，也存在承认轻微的防止措施的设置”，应当说是对各种要素考虑之际对其重要性判断有所区别。

四、小结

一般来说，由于损害并不是必须现实存在（因为要求的是产生损害的风险）、也并不必然要求有过错等自身的特殊性，禁令请求的要件并不能和损害赔偿要件等同。笔者以为，其要件可概括为二，即先行行为与由此带来不可回复损害发生的危险存在。先行行为的发生可以不带有过错，但一定是可以带来“后果”的，即不可回复损害发生的危险。对于这种危险，其带有不可回复的特点。既包括物理上不可能的回复，以现有技术手段为准，确确实实不能回复；也含有经济上的不可回复，即物理上能回复但回复成本过大，由此产生不可回复的危险。

体系地位划分上，损害赔偿应当是通常状态，禁令请求为特殊状态。在损害赔偿自身体系中，考虑到目前我国市场经济背景以及司法实践操作便宜上，不妨借鉴金钱赔偿主义，即损害赔偿以金钱赔偿为原则，以回复原状为例外。同时，应当在尊重当事人意思自治的基础上，即在“没有其他意思表示”的条件下，以金钱赔偿为原则。一般来说，在原状回复需要耗费较多人力与财力时，对于侵权人而言负担过重，超出与侵害行为相应之“回复”，同时对于普通被害者而言，金钱赔偿可以使其更为自由支配所得到的赔偿，是更有利的手段。当然，考虑到对于金钱无法弥补、确实需要回复原状的情形的存在，如侵害名誉，可以作为特例予以适用赔礼道歉等回复原状请求，如果该侵害名誉行为是没有发生、但即将发生的，可以请求禁止其侵害行为生成。这对于我国名誉侵权、环境损害等领域是不可回避的问题。如果仅仅以金钱为损害赔偿手段，则易导致金钱至上而忽视精神层面，无法保护受害者人格利益以及社会环境利益。

总之，虽然近代侵权责任法是以损害填补为中心，但由于从权利侵害转向违法性、从物质损害转向精神的、经济的损害等诸多问题与现象的出现，使得现代侵权责任法随之发生相应变动。其中之一便是，侵权责任法已经不仅仅停留在填补损害层面，也注意到了特殊情形下的预防层面。由于正在持续发生的特定损害或者将来可能发生的特定损害（特别是后者），对如工厂、飞机场的噪声污染等，可以采用禁令请求的方法来避免无可挽回的损害或者回复负担过重的损害。这种预防手段的出现也是应对现代侵权责任法危机的产物。对将来危险所带来的“损害的回复不可能性与重大性的内容如何判断”，以及如何在司法实务中适用禁令请求的构成要件，乃突破传统侵权法范畴、仍是需进一步研究的课题之一。同时，由于我国现行侵权责任法仍处于一种刚刚脱离“真空”而步入实施的状态，要待司法实务领域具体操作后，对于究竟如何把握责任形式及其要件更利于解决当事人之间纠纷，再从法律角度解释之。

积极探索建立环境损害案件智能登记立案系统

韩德强

本研究报告是最高人民法院法研所环境司法研究中心主任韩德强研究员主持的中国法学会2014年度部级法学研究自选课题《环境侵权受害者权益保护研究》（课题编号CLS〔2014〕D111）的成果精粹。

针对环境损害案件立案难的问题，积极探索研发环境资源案件智能登记立案系统，对保护环境实现环境正义具有重要的作用和意义。特别是中国共产党十八届四中全会明确提出将立案审查制改革为登记制后，该研发系统的价值和意义更加凸显。法研所经过初期的调研论证，认为该系统具有较强的针对性、可行性和急迫性，符合环境资源案件具有技术性、专业性和时效性的特点。现将探索研发该系统的重要性、必要性以及探索情况介绍如下。

一、智能登记立案的价值意义

（一）是贯彻中央司法改革方针的重要举措

十八届四中全会通过的《中共中央关于全面推进依法治国若干重大问题的决定》指出要改革法院案件受理制度，变立案审查制为立案登记制，对人民法院依法应该受理的案件，做到有案必立、有诉必理，保障当事人诉权。将立案审查制度改为立案登记制度是司法改革的重要内容，研发环境资源案件智能登记立案系统能为法院系统推行立案登记制度提供实验模板，能够为立案登记制度设计尽快转化为实践操作提供有益经验。

司法公开是司法改革的重要内容。最高人民法院建成中国裁判文书网，已生效文书均可在裁判文书网上查询浏览，这种倒逼机制可以有效促进公正司法。立案登记制度类似这种倒逼机制，可以进一步促进诉讼案件的公开程度，通过开发和应用具有交互性、公开性的智能登记立案系统，使得案件在立案之时即不受法官个人意志的左右和影响，有利于民众对环境案件进行了解和监督，让所有环境案件在阳光下运行，避免案件受到个人因素的干扰和影响。

（二）是杜绝干扰确保司法公正的必然要求

当前司法领域存在着部分立案人员作风不正的问题，该立案的不立，不该立案的予以立案。变立案审查制为立案登记制，用立案登记制度代替现行的立案审查制度，说白了就是“法院不能拒接老百姓诉状”。在当前的立案审查制度条件下，从某种意义上说，公民的诉权并不能完全实现，因为审查阶段会使得一部分案件以不符合立案要求而被法院拒之门外，使得当事人对法院的司法救济丧失信心，转而去寻求别的救济途径，于是上访、信访事件频发。实行立案登记制度，扩大了法院的受案范围，可以从一定程度上减少上访、信访事件的发生，缓解相关部门的压力。此外，立案登记制度有利于提高法院的工作效率，及时化解社会矛盾，杜绝“抽屉案”，只要起诉符合立案系统设置的立案条件和要求，就自动登记受理，这对法院及时化解矛盾、及时维护当事人合法权益、保障社会和谐稳定具有重要作用。

通过开发应用智能登记立案系统，案件自当事人提交诉状开始，就在网上全程留有痕迹，且公开接受全社会的监督，使得金钱案、关系案、人情案无处藏身，“抽屉案”也没有了存在的空间，可以从案件起诉时起就杜绝各种干扰，有效保障司法公正，提高司法公信力。

（三）是信息化技术发展的必然选择

当今我们身处的网络信息时代具有独特的特征。一是网络化。网络是时代的结构，社会就是由各种节点通过网络联结成的网络社会。二是信息化。信息是时代的基石，“信息即原料”，“信息时代比特将超越原子成为人类生活中的基本交换物”。信息成为重要的资源，各种各样的信息通过各种网络快速传播，到达网络中的节点，然后再顺着网络的结构呈几何级数扩散。三是智能化。智能化是时代的动力，在过去 30 年里，信息技术革命从来没有停止智能化的进程，人类生活方式、生存方式、思维方式、行为方式等都发生了深刻的变化。

在网络信息时代，借助网络信息技术，包括正在发展并广泛应用的移动通信技术，实现环境案件诉讼的立案登记是顺理成章之事，每一个公民在发现有环境污染事件时，借助于信息终端、打开环境损害立案系统平台，即可轻松进行立案登记。作为环境污染的受害者，即使不在环境污染所在地，也可通过网络进行立案登记，而不用考虑立案的时间、交通、空间成本。在进行立案登记之后，若具体条件不符合民事诉讼、环境诉讼的相关条件，如存在主体不适格、证据不充分等情况，环境诉讼平台将对立案登记信息的瑕疵及时给予答复，同时环境案件立案登记平台将对环境案件数据进行分析和整合，并及时将环境污染信息反馈给环保主管部门、环境污染主体，这对保护环境实现环境正义具有难以估量的积极意义。

二、环境资源案件首先采取智能登记立案的可行性和必要性

（一）是解决环境纠纷和维护社会稳定的必然要求

联合国《人类环境宣言》宣称：“人类有权在一种能够过尊严和福利的生活环境中，享有自由、平等和充足的生活条件的基本权利，并且负有保护和改善这一代和将来的世世代代的环境的庄严责任。”环境损害的当事人大多是能够给当地创造税收和就业机会的企业，为了 GDP 和地方政府的政绩，这些企业往往受到当地政府部门或暗或明的保护，由此对于环境侵权受害人来说，环境案件存在起诉难、取证难、判决难、执行难等诸多问题。从一定程度上来说，环境损害案件的诉讼难点在于个体与污染企业、地方政府之间的利益冲突，而使用电子化形式的立案登记系统可以给相对弱小的受害人提供顺畅的、便利的权利救济通道。

时至今日，环境损害和保护问题，已不单单是环境单方面的问题。如身处被极度破坏的环境，人们呼吸的空气、饮用的水、吃的食物以及随之而来的精神感受等都遭到难以逆转的改变，严重影响了民众的生存权，社会的公平正义难以维系，所以，环境损害纠纷如得不到及时解决，极易引发群体性事件甚至极端事

件，会严重影响社会稳定。

研究开发环境损害案件智能登记立案系统，能使环境损害立案登记制度尽快由理论转为实践操作，便利各级法院以诉讼途径妥善化解环境损害纠纷，避免环境损害纠纷引发群体性事件，以达到维护社会稳定的目的。

（二）是解决环境损害多而立案少问题的重要举措

虽然我国的环境损害纠纷呈逐年猛增趋势，但绝大多数未能进入诉讼程序。“十一五”期间，我国环保系统受理环境信访达 30 多万件。相比之下，环境行政诉讼只有 980 件，环境刑事诉讼只有 30 件，环境民事案件只有 12278 件。以上三大诉讼的案件总量仅占同期环保行政部门受理环境信访的 4.4%。2012 年度的环境统计数据更能说明问题。该年度由各级环境保护行政部门作出行政处罚的案件为 117308 件；受理信访的为 160625 件；通过网络和电话受理的污染投诉为 892348 件。这三组数据加起来共 1170281 件。换言之，仅仅 2012 年一年，各级环境保护行政部门处理的各类污染的投诉、信访和行政处罚，就相当于“十一五”期间受理信访总量的近 4 倍，而同期人民法院受理的环境损害纠纷案件数量很少。诉讼远未成为解决环境纠纷的重要渠道，主要原因就在于环境资源纠纷立案难。

为破解环境损害纠纷立案难的问题，在社会各方面事务均依靠或借助信息化改变处理方式的大环境下，研究开发环境损害案件智能登记立案系统，促进环境案件立案方式由审查制向登记制转变，不仅是选择更先进、快捷的途径，更是一种思维方式的转变，选择和顺应互联网思维就能更适应时代的要求。为促进公民在遭遇环境损害纠纷后能够通过诉讼途径顺利解决纠纷，促进人民法院公正、高效司法，迫切需要开发运用具有交互性和便利性的环境案件智能登记立案系统。

（三）环境案件数量少而技术性强的特征使其成为试行智能登记立案系统的最佳选择

智能立案系统在法院内部易于推广使用，便于操作。环境损害纠纷是随着城市化和工业化的进程而出现的一种新型纠纷。现在法院受理的环境案件相对较少，属于新的领域，适合探索适用新型的诉讼审判模式，在案源分配、人员分流和职权重新配置等方面阻力少，见效快，不易产生庭室之间的冲突和掣肘。同时，可以置换出大量一线立案法官投入审判业务。此外，环境案件具有较强的技术特点，需要专业技术的支持，该特点与智能化登记立案系统的技术性特征具有一定的相似性和一致性，如系统研发能够达到一定科学性，为污染现场、证人证言等电子证据留存提供技术支持，对后期诉讼具有重要作用。环境损害案件数量少而技术性强的特征使其成为首先采用和试行智能登记立案系统的最佳选择。

三、对环境损害案件智能登记立案系统研发的尝试性探索

根据为院领导决策和审判实践提供智力支持，服务好审判业务庭室的职能定位，法研所环境司法研究中心针对环境损害案件立案难的问题，前期与北京瑞信在线系统技术有限公司签订课题研发协议，联合研发环境损害案件智能登记立案系统。环境损害案件智能登记立案系统的研发工作经过两个多月的努力，进展顺利，进行了以下几个方面的探索。

首先，建构课题研发的基本框架，明确了主要组成人员及分工。法研所主要负责人为课题研发学术顾问，指导统筹各方关系，环境司法研究中心与北京瑞信公司具体负责课题的组织管理工作；北京瑞信公司、济南中级人民法院信息中心的工程师以及江西高院立案庭、重庆渝北区法院、山东东营中级人民法院、河南中牟县法院的相关工作人员作为课题组成员。同时，双方协商确定可根据课题研究进度和实际需要，随时调整人员组成和分工。

其次，制定了《环境损害案件智能登记立案系统研究开发方案》。根据系统需专业性、数据化和可操作性的要求，课题组广泛搜集整理关于环境损害案件的相关理论成果和典型案例，论证立案的基本原则和标准，细化环境损害案件的立案因子（立案要素和条件）。同时，根据系统软件开发的技术性和规范性要求，制订实务调研及理论研讨方案，拟对代表性环境资源纠纷案件立案难问题进行实地调研，会同相关环保、司法机关和法学专家共同研讨，比较研究国外相关先进经验，破解课题研究的核心议题和关键问题，为最终成果的形成奠定坚实理论和技术基础。

最后，认真考察、精心选择相关试点法院。课题组前期选择环境资源纠纷案件多发地区的法院进行了专项问题实地调研，广泛收集典型案例，较为深入地了解环境资源纠纷存在的立案困境。课题组与山东东营中级法院、重庆渝北法院等

调研基地进行了交流沟通，基本达成合作意向，这些法院除派人参加课题研发工作外，还将协商在系统推广使用方面做出一定的尝试，这给课题组研发增加了动力和信心支撑。

在环境损害案件智能登记立案系统研发工作稳步推进，取得一定成绩的同时，也遇到了一些困难和难题。主要有：一是课题研发资金需要政策支持。主要因课题研究成果推广范围和效益不确定，合作公司不敢贸然投资。二是课题研发推广需要相关业务庭室的支持和帮助。法研所在法院系统内的行政执行力和成果推广力极其不足和有限，特别需要得到立案庭、环境资源审判庭的支持和帮助。

总之，环境损害案件智能登记立案系统的研发具有较大的现实性、急迫性和价值性，不论是对贯彻执行十八届四中全会精神，落实司法改革措施，还是对公正司法，保护生态环境都具有重要的作用和意义。

生态资本语境下环境法之拓展研究

叶晓丹

本研究报告是福州大学法学院叶晓丹副教授主持的中国法学会 2013 年度部级法学研究自选课题《生态资本语境下环境法之拓展研究》（课题编号 CLS〔2013〕D220）的成果精粹。

在 20 世纪末，发端于西方国家的可持续发展理念引入我国。可持续发展作为一个复杂的系统工程，需要社会整体系统地及时跟进与协作，而法治系统作为最有力的保障体系在可持续发展上无疑应扮演关键角色。我国一直在环境保护立法过程中摸索前进，在改革开放后这 30 多年间环境资源法治建设迅速发展，制定了许多防治污染、保护环境资源的法律、法规及条例，并形成了独立的环境法律部门，目前已建立起相对较为完备的制度体系。我国环境资源法长期以来强调以政府为主导，通过赋予各级政府管理环境的权力，要求单位与个人履行保护环境的强制性义务，以行政命令、控制与制裁方式为核心，通过确立标准、颁发许可证，监督管理及对违法者制裁等制度来督促人们保护环境资源。这种方式在环境保护领域发挥着重要作用，并将继续发挥其重要作用，而有关利用市场机制和经济刺激措施的规定较少。从理论角度对传统环境资源法律制度进行分析，可以发现其思路依旧是将生态环境与经济发展割裂开来考量，从政府意志角度确认环境法律关系中主体的行为模式和利益目标，利用行政强制手段来解决主体之间的利益冲突，通过抑制个体经济私益来实现对环境公益的保护或通过经济制裁剥夺侵害者靠损害环境而获得的经济私益转而对生态环境与其他受害人所受之损失加以弥补以实现利益平衡。这种措施与经济学上所推崇的当个体无法抑制自己的私益需求对环境产生损害时，对于这种“外部不经济性”行为其根本解决办法就是让外部不经济性与内部化之观点相吻合。这种以行政强制为主导、以命令惩戒为手段的制度选择从其建立的历史背景来看是有合理性与现实意义的，但随着我国市场经济建设的全面铺开及深入，环境保护工作面对的环境问题复杂化，民众个体权利意识的日趋活跃，传统环境法在保护环境中发挥其应有的作用的同时，也逐渐暴露出其局限性。

从政府层面来看，行政强制监管模式下的环境执法成本过高，而制度绩效低下，表现为：首先，基层环保部门，特别是县级环保部门，管辖的区域广，管理的对象多，执行的案件杂，调查取证、办案等工作要花费大量的人力和财力，这对于原本人力和财力不足的环保部门而言是一个严峻的挑战。其次，我国从1994年起中央和地方财政分立，实行分税制的结果就是地方政府维持自身运作的财政收入在很大程度上依赖其所辖企业创造的利润。作为制度的具体执行者的地方政府与其所辖企业在经济利益上具有高度一致性，故有地方政府明知生态环境与经济、人类社会长远发展之间紧密关联的重要性，但出于本地区当前经济发展与财政收入的考虑，仅从局部经济利益着眼而将生态环境利益放置其后，甚至对环境违法者睁一只眼闭一只眼，纵容默许、保护甚至鼓励当地企业对抗环境法律，因此重大环境污染或破坏事件时有发生，甚至滋生政府寻租行为。再次，我国环境保护的经费主要来自地方政府的财政收入分配，而地方政府由于缺乏足够的环保激励，环保经费短缺以及由此导致的执法困难已是不争的事实。有的生态县市从大局出发为了满足整体环境利益的需要而不得不抑制本地区经济发展成为贫困县市，过分依赖从上级政府那里获得的财政补贴，但又不足以满足经济补偿，且由于当地经济没有得到应有的发展，导致当地人力资源不断外流求生存，最终使得当地环境保护陷入人力、资金缺乏而停滞不前之困境中。复次，政府在工作中往往热衷于采取风暴式的短期集中整治来缓解紧急的环境资源局势，不仅低效，而且激发了企业逃避政府管制的强烈动机，被整治企业或转移污染与政府玩“猫捉老鼠的游戏”，或在强制性措施结束后迅速死灰复燃。最后，环保方面的投资主体主要是政府，政府主导的环保活动追求的主要是生态效益，并不注重经济效益和投资成本的收回。因此大多数环保投资都是有投入无产出，基本的投资成本都难以收回。因此政府由于力量有限而无法顾及所有的环境问题，从而导致“政府失灵”。

从市场主体层面来看，单一的政府行政强制无法向市场主体提供足够的环保动力，同样影响制度绩效。由于没有把环境保护相关的活动作为经济活动，没有建立投入产出和成本效益核算机制，使得环保活动成为没有经济效益的活动，市场主体缺乏自愿主动出资以弥补环境损耗的利益基础：一方面，环境保护是市场主体应承担的社会责任之一，然而由于在传统市场经济中，生态环境无法作为资产通过合理的价格结构融入市场体系中，市场也无法引导市场主体高效利用该资产。因此市场主体虽然在社会舆论的呼吁下意识到环境保护的重要性，但发现投资保护环境，减少或避免破坏与污染，改善了环境资源而产生的效益并不归属于出资者本人而是由社会共享，这种增加了正外部性使他人受益但自身内部经营成本增加、眼前经济效益减少或无法获得相应的补偿违背了“经济人”利益最大化原则，而必然使得出资者缺乏积极主动性，因此经过利益衡量最终选择消极被动地履行这一社会责任。另一方面，虽然法律规定了市场主体保护环境的义务，并以惩罚责任的负激励措施促使市场主体履行义务，但这种以强制为基础的方式常常导致市场主体的消极逃避。而传统环境资源法律制度出于对我国经济现状的考虑，所规定的惩罚标准较低，“违法成本低于守法成本”，这在一定程度上使市场主体为环保而出资的唯一动力也殆尽了。此外，目前虽有越来越多的组织与个人主动参与到环境保护事业中，但由于在经费上主要依赖政府财政拨款或他人资助，开支较为被动，受现有法律规定之所限又无法将其保护环境而产生的生态价值进行经济利益的合理转化，出现“守着青山没柴烧”的尴尬局面；有人尝试对环境保护进行市场化经营，然而受我国现有环境资源所有权制度的限制而无法长期持续，纵然有所补偿，但与长期的投入是不成正比的，这不仅对需要时间才能显现出生态利益的环境不利，亦会减弱市场主体参与环境保护经营的积极性与动力。

总之，政府执法成本的高昂加上市场主体的消极被动，使得在市场经济条件下单纯依靠政府强制的环境资源法律制度对于环境资源的保护虽然也取得了一定的成效，但在环境和经济的协调效率上缺乏有效的灵活性，不能完全满足可持续发展的现实需要。因此制度繁荣的表象背后，依然是并不太令人乐观的制度绩效和依然严峻的环境资源形势。如何使市场主体真正行动起来，能动和主动地、而不是被动或被迫地参与到环境资源保护中去，成为市场经济体制下环境保护实践与立法需要面对与解决的重要问题。因此我们在呼吁政府加大对环境不法行为的惩治力度的同时，亦需要开拓新的思路，寻找新的环境治理方法与手段，以提高环境法的实施效率，最终实现经济与生态环境的可持续发展之目标。2014 年《环境保护法》再度修订通过，在第 1 条中明确将推进生态文明与促进经济社会可持续发展作为立法目的。被坊间称为“史上最严的”新环保法对各级政府履行改善环境质量的责任更加明确；对企事业单位与个人承担防范治理污染、减少环境损害的义务与承担的法律责任更加严厉；首次规定了公民、法人和其他组织依法享有获取环境信息、参与和监督环境保护的权利，并明确符合条件的社会组织享有提起公益诉讼的权利。笔者对新修订的《环境保护法》进行研读的过程中为其中新制度的加入感到欣喜的同时，亦遗憾地发现新《环境保护法》从结构上除了增加“信息公开与公众参与”这一章节外，其他仍沿袭旧法的章节，总体而言依旧是行政本位法——强调国家为主/公众辅助对环境公益的监管与治理。在我国现阶段经济高速发展导致的环境问题日趋严重，在环境立法中加强政府监管、强化企业防治环境污染减少环境损害义务与加大惩罚力度毋庸置疑。但是对于保护与改善环境的措施选择依旧停留于政府自上而下的财政、税收、价格、政府采购等方面政策措施进行鼓励与支持的传统思路上。而在我国环境保护实践工作中已突破行政监管之阈开始吸收市场手段来治理环境的新做法如水权、排污权交易在新《环境保护法中》没有体现，仅是纲领性提及“国家建立、健全生态保护补偿制度”，而该制度也仅涉及狭义上的政府自上而下及同级政府之间通过协商或按照市场规则进行的生态补偿，并无具体权利保障性规定。于是笔者试图逆向大胆思考，即环境法律保护渠道能否突破仅有法定义务、行政监管、强制履行、惩罚性措施的单一政府强制模式，在环境法中引入市场机制，认可与保障环境保护行为人在参与环境保护中应有的个体经济权利，运用“市场之手”对生态环境进行保护性、改善性运营，在实现环境公益的同时实现环境保护行为人的私益，进而实现经济与环境的协调发展之目标?

近年来生态经济学界发现采用市场机制，通过价格、交易、利润同样可以实现对生态环境的保护与发展。因此在市场中一定的生态环境是可以被货币化的，既然可以，它们就可以成为资本，但它们是特殊的资本，它们需要“生态”这一载体，因此将它们称为“生态资本”。生态经济学界与实务界进而深入探究将生态环境这一“资本”纳入市场体系中之途径。欧美等国对生态资本的运营已卓有成效，目前无论是生态资本的相关理论还是实践做法均已在我国为生态经济学界、相关政府部门、经营者及其他组织与个人所接受并付之以行动，如生态环保产业的运营、生态补偿机制的建立及水权、排污权、林权交易的试点运营等。生态经济学界上对生态资本本土化的讨论日趋成熟。基于市场的生态资本运营为我国环境保护带来新思路与新做法，必然要求《环境保护法》要做出相应的回应，启发我们在运用法律的惩戒手段以保护环境的同时，也应借鉴经济学中的资本激励机制，借鉴生态资本理论对环境法进行学理拓展，进而尝试在制度构建上引入市场机制进行方法上的创新与突破，与政府机制相辅相成从而使得环境保护真正落到实处。

笔者尝试在生态资本这一语境下结合生态资本的相关理论力求对《环境保护法》上的“人性预设”认识进行调整，认为生态经济人模式在现阶段更具有现实操作性；拓展人对环境法利益的追求由狭窄单一的限制经济利益保护生态利益向利益多元转变；拓宽对环境法的正义、效率价值的认识，并坚持功利价值在环境法价值观中存在之必须；在现有的环境法正激励功能中增加授权性规范。在制度建设上，笔者主要是从资本的主体、客体及资本的交易这三个方面进行思考。从生态资本的产权特征来看，绝大部分环境资源属于国家所有或集体所有，政府是代表国家或集体行使生态资本权益的法定主体。政府作为生态资本运营的重要主体，并不意味着政府直接投资运营生态资本，其应作为宏观主体在生态资本的投入、建设及维护方面扮演指导监管角色。我国《环境保护法》也明确规定各级政府在环境保护中承担的重要角色及相关职权，无论是维护环境资本产权交易和流转的正常进行，还是建立完善环境资本市场机制，都需要政府协调。因此国家应通过立法发挥政府的指导监管作用，制定正确的政策制度，明确政府作为生态资本运营的宏观主体所应承担的职责如战略规划、政策保障、绿色管理、基础设施建设、环境市场培育等。在生态资本运营中，企业、个人及其他社会组织等市场主体才是生态资本运营的微观主体。对此国家应在立法中从保障生态环境安全角度出发确立相关生态资本市场准入制度，鼓励与吸引有资质的市场主体从事生态资本运营，支持他们在维护生态利益的同时实现个体的经济利益，保障市场主体的相关权利与利益。对于生态资本的客体，环境法有必要对环境资源产权进行界定并扩张，具体为：扩张物权客体将环境容量纳入物的范畴中；在权利内容上增加环境保护地役权与环境保护收益权。最后，在目前的排污权交易、水权交易、林权交易制度的实践基础上我们应在立法上确立环境资源产权交易制度，并将其具体化。只有通过交易，市场主体才能将生态资本在生产过程中产生的生态价值进行经济价值转换，从而实现增值盈利，从而实现市场主体的相关权利，才能真正调动起市场主体维护生态环境的积极参与性与主动性。因此交易制度的建立与完善与否至关重要。

故本文的研究目标是在市场经济下如何将环境保护政府主导、惩罚救济措施为纲的传统立法理念转向拓展环境法善用正向经济激励手段鼓励与保障市场主体积极主动地参与到保护环境合理运用生态资源的活动中去，实现经济、环保“双赢”，最终实现可持续发展之目标。

国际法篇

中国国际人权话语权的现状与对策

毛俊响

本研究报告是中南大学法学院副院长毛俊响副教授主持的中国法学会 2014 年度部级法学研究一般课题《联合国核心人权公约及其与中国的关系研究》（课题编号 CLS〔2014〕C50）的成果精粹。

一、国际人权话语权的概念与实质

国际人权话语权是指国际人权领域相关主体在人权理论供给与战略发展、人权规则制定与解释、人权机构运行与走向等方面的主导权。它包括：

1. 国际人权观念和发展战略的主导权，即从人权观念到人权规则演变的影响力。它需要在竞争性的人权观念中确立本国人权理念的优越性，使之成为潜在的人权标准纳入议题设置；进而确定该人权标准的规范形式（如宣言或公约）、内容与结构。

2. 国际人权规则制定、解释和监督的主导权。国际人权规则主要由国际人权机构起草、联合国大会通过，并由联合国人权机构负责监督实施。国际人权条约监督机构还发布“一般性评论”来解释人权公约实体条款，并将其运用到审议国家报告和来文申诉案件的过程中，作为评判缔约国行为的法律标准。选派本国人任职国际人权机构的关键岗位，可以在人权规则制定、解释和监督等方面施加影响、掌控话语权，操控机构的运作与走向。

3. 评判一国人权状况的主导权。本质上是相关国家在人权外交领域抢夺话语权。如一些国家在联合国系统内提出针对特定国家人权问题的决议、发布国别人权报告或抨击一国人权政策；国际非政府组织和媒体炒作人权议题，积极配合。

二、中国国际人权话语权的现状

第一，人权观念输出和话语传播效果不佳。人权理论研究起步较晚、人才队伍不强。存在“西方中心主义”思维定式，不善于挖掘中国传统文化和当代实践中的人权内涵并作融通性解释，不善于向普遍人权理论输送元素。习惯于使用官方语言而非学术语言来宣传中国人权进步或回应国际社会批评，话语说服力不强、传播能力较弱。语言交流障碍限制了中国学术话语的传播范围。

第二，在国际人权发展战略和规则制定方面的影响力不足。基于历史原因，中国无缘参与制定一些核心国际人权文件，无法将中国人权理念融入国际规则体系。中国专家很少被任命为起草工作组成员，难以从价值理念或规则体系上对国际人权文件草案施加整体性影响。在国际人权机构中将某项权利保护列入议事议程、进而纳入国际人权文件使之成为有拘束力的国际人权公约的能力相对较弱。

第三，对联合国人权机构运行与走向的参与度有限。来自西方国家或者受到西方人权观念影响的人占据国际人权机构的关键职位，国际人权战略执行、议案起草、规则解释和实施有利于西方。1972 年以来，中国参与国际人权机构有“广度”却无“深度”：在联合国人权机构任职的委员主要是外交官，不能在规则制定、解释和实施方面发挥专业影响力；较少占据国际人权机构关键岗位，无法介入机构的实质性工作，对机构的设立、运行和能力建设的影响力不够。

第四，在国际人权机构中设置议题和提出议案的操控性不强。积极介入议题设置、议案起草，体现一国对于国际人权规则发展的前期设计，也是价值理念的输出方式。中国在国际人权机构领衔提出决议草案的情况并不多见，促成中国所坚持的人权立场成为决议内容的主动性不强，在国际人权机构中尚未充分扮演观念输出者的角色。

第五，人权外交中处于守势。双边人权对话中，西方国家多年来一直将议题集中在言论自由、宗教信仰自由、司法公正、拘留、酷刑等领域，不断炒作中国当前发生的具体人权问题；在人权与劳工保护、人权与环境、人权与对外援助、西藏等问题上攻击中国。欧盟还坚持在中欧伙伴关系协定中纳入实质性人权条款。一些国家和非政府组织定期发布中国人权报告，评判中国人权状况，抢占舆论高地。中国经常被动做出回应和澄清，处于守势。

三、提升中国国际人权话语权的对策

提升国际人权话语权的根本在于增强国家实力和完善国内人权保障。当前，中国可实施以下六点具体对策。

（一）培育人权理论创新点

创新理论应源于中国、用于世界。应揭示中国传统观念和当代实践（主要以发展、平等、和谐为主线）的人权内涵，结合国际社会主流需求作融通解释，论证其普遍价值性质，逐步修正人权标准理论体系。从规范角度诠释外交政策中的人权价值。如从人权领域经济和技术援助、发展权等角度诠释“一带一路”、亚投行、上海合作组织转型、援非政策等，研究国际人权合作与对话机制、发展权实现机制等问题，在“人无我有”领域建立优势。

（二）设计国际人权发展战略

找准议题设计人权发展战略，争做规则制定者。例如，推动宣言中的发展权变为公约中的发展权，提出具体制度设计；率先提出亚洲区域人权机制的构想和路线图，抢夺构建亚洲人权机制话语权。积极在联合国人权机构（如人权理事会）中提出融入本国人权理念的议题或决议草案，积累从人权标准到人权公约转变的影响力。

（三）深度介入国际人权机构的运行与走向

尽量推荐人权专家而非外交官担任条约监督机构独立专家，通过他们的专业表现来提升中国对规则解释的影响力；考虑推荐人权学者担任人权理事会主题机制（如教育权、食物权）的报告员，提升对人权标准发展的影响力；力争让中国专家进入人权文件起草工作组，提升对规则制定的影响力；联合发展中国家，利用多数优势主导国际人权机构能力建设与改革，提升对国际人权机构的控制力。

（四）构筑评判西方国家人权状况的话语高地

政府和民间社会应“主动关心”西方国家的人权问题（如反恐与人权）。政府在多边外交中提出议案、在双边外交中设置议题，非政府组织建设国别人权信息中心，搜集整理和评论西方国家的人权事件，舆论跟进配合，争夺话语优势。

（五）建立专业的人权舆情应对机制

吸纳人权专家参与人权舆情应对工作，针对国际社会对于中国人权的指责和误解，根据国际人权标准来论证中国相关立法和措施的合理性。例如，外界对于乌鲁木齐市头巾立法和中国《国家安全法》的指责，可在外交回应之外给出专业分析，其效果更佳。

（六）培养扩展国际话语权所需的智力队伍

鼓励高校广设人权法专业，国内外联合培养专业人才，选送学者或学生进入国际人权机构观摩实习，培养使用英语出版人权学术论著的人才。

加强外交部、国务院新闻办与科研机构的互动，建立常设性的人权外交代表团顾问制度和专家咨询机构，吸纳人权学者进入政府挂职或任职，对人权外交人员开展专业培训。

人权研究机构或非政府组织走专业化、国际化道路，编辑出版英文版人权学术期刊、丛书和报告。培育研究型国际人权智库，加紧开展人权外交前沿问题与国家对策研究。

完善我国海洋维权巡航执法法律问题的建议

贾 宇

本研究报告是国家海洋局海洋发展战略研究所书记、副所长贾宇研究员主持的中国法学会2014年度部级法学研究一般课题《海洋维权巡航执法法律问题研究》(课题编号CLS〔2014〕C51)的成果精粹。

海洋维权巡航执法，是指为了维护国家海洋主权和海洋权益而产生的执法活动的总称。近年来，我国面临的海洋维权形势日趋严峻，新问题、新情况不断显现，维权巡航执法所涉及的法律、法规已远远不能满足执法所需，特别是2013年国务院进行机构改革将原来分散型的海上执法队伍整合成相对集中的海上执法队伍后，整个海上执法所涉及的法律问题更为复杂，需要建立和完善立法—执法—司法的一整套法律、法规体系。

一、我国有关海上维权巡航法律法规及存在的问题

包括《联合国海洋法公约》(以下简称《公约》)在内的相关国家法赋予沿海国海上执法的权力，沿海国通过国内法的形式予以规范，这是国际上通行的做法。

1. 我国海洋执法法律依据

《公约》在确立了领海、毗连区、专属经济区、大陆架、“区域”等多个法

律制度的同时，也赋予了沿海国在上述国家管辖海域内的主权、主权权利、管辖权等权利。由于各海域的范围、法律地位和法律制度不同，国家在各个海域的管辖权也不尽相同。沿海国通过批准和参加包括《公约》在内的国际条约、制定国内法等形式行使海上管辖权，包括海上维权执法活动。

目前我国海洋法律可分为综合性海洋基本法律、海洋环境保护类法律、海洋资源和海域使用类法律、海上治安和海上缉私类法律、涉外海洋科研与铺设电缆管道法律，以及中国批准、加入的国际公约。这些法律中对海上执法进行了相应的规定，是海上执法活动的法律依据。

2. 存在的问题

（1）我国海洋法律制度和海上执法法律体系有待完善

一是缺乏综合性的法律。从宏观层面分析，未制定《海洋基本法》，海洋政策、规划、管理体制、管理原则和制度等缺乏统一规范。从执法层面分析，缺乏《中国海警法》、《中国海警执法法》等综合性的海上执法的法律法规。

二是部分法律法规需要及时修订。现存的部分法律法规已多年未修订，无法满足目前海上执法所面临的新形势和新问题，如《涉外海洋科学研究管理规定》法律位阶低，罚款额度低，且对新出现的军事调查、监测等活动缺少管理措施。

三是缺乏现实的可操作性及配套法律制度。《中华人民共和国专属经济区及大陆架法》只规定了可行使登临、紧追、检查等权力，缺乏可操作的执法措施和手段。

（2）海上执法存在法律依据、法律适用难题

一是执法主体整合暂未到位。2013 年海上执法队伍重组至今，与有关部门的执法职责划分仍未完成，如与现公安部边防局在海上的职责分工，与海关总署走私犯罪侦查机构在办理走私刑事案件的分工等，均未有明确结论。同时，除海警局外，其余各级海警队伍尚无“三定”，执法印章和文书无法启用，相关法律法规的执法主体仍为原执法单位，执法办案机制仍沿用原来的模式。

二是法律依据层级低。目前海上执法工作中，存在着一些执法依据效力层级低。以“三无”船舶的查处和治理为例，主要是以国务院批复下发的《关于清理、取缔“三无”船舶的通告》作为处罚依据，效力存疑且通告本身规定也非常原则性，不利于一线执法办案。

三是法律适用存在困境。在海上维权和综合执法海域的法律适用上存在问

题，突出表现在涉外渔业执法法律适用问题上。一方面是我国渔民在我国管辖海域以外非法捕捞问题，另一方面是外国人在我管辖海域犯罪追究刑事责任难的问题。此外，对外国渔船非法进入我国领海、内水行为，存在取证难的问题。

二、海洋大国和周边国家的经验

美国海岸警卫队、韩国海洋警察厅、日本海上保安厅及我国台湾地区海巡署等海上执法队伍已运行多年，其执法依据、执法规范及与司法对接的经验对我国具有一定的借鉴意义。

1. 以法律的形式赋予执法主体资格

美、日、韩、中国台湾在制定海上执法法律法规时，首先明确海上执法队伍的资格，通过法律赋予其海上执法权和警察权。例如，美国通过2002年的美国《国土安全法案》、日本制定了《海上保安厅法》、韩国有《海洋警察厅法》，中国台湾在统一海上执法队伍时，先行制定和通过了“海巡五法”。通过立法赋予海上执法队伍执法资格，明确执法内容，并赋予其警察权，是这些国家和地区的通行做法。

2. 制定详尽的海上执法规范

这些国家(地区）除通过立法明确海上执法队伍的执法主体资格外，还制定了详细的海上执法规范，如日本，除《海上保安厅法》外，还制定了《警察职务执行法》、《领海及内水有关外国船舶航行法》等具体执法规范。韩国也通过制定《船舶紧急规则》、《抓捕外国非法渔船资金支付规则》等法规来规范具体的海上执法活动。中国台湾制定《海岸巡防机关海域执法作业规范》，对海巡署海上执法活动进行了明确规定。

3. 海上执法与司法有效对接

为保障海上执法活动的后续有效执行，各国（地区）在立法时都规定了海上执法与司法程序的有效对接，如日本海上保安厅以外国渔民违反《日本渔业法》、《外国人渔业保护法》规定由地方检察院向地方法院（简易法院）提起诉讼；中国台湾的海巡署查处海上执法案件后，能够快速地向司法部门移交案件并进入司法程序。

三、完善中国海警执法法律法规体系的建议

构建完整的海上执法体系，健全和完善现有海上执法法规，赋予中国海警刑事侦查权，实现执法和司法的有效衔接，为中国海警海上执法提供有力依据。

1. 构建海上执法法律体系

一是要加快制定《海洋基本法》。《海洋基本法》是中国的“海洋宪法”，可为海上执法提供根本性的法律依据。目前，海洋基本法已列入《国务院2015年立法工作计划》，国家海洋局也已启动《海洋基本法》的研究论证和起草工作。

二是研究制定《中华人民共和国海警法》。制定《中华人民共和国海警法》，以法律的形式规定中国海警开展海上执法活动，维护国家海洋权益和利益的职责、权利、管辖范围、执法对象、执法程序等内容，为海上执法提供全面、权威的法律依据。

三是制定与完善我国涉海法律的配套法规和具体执法措施。先期制定《专属经济区和大陆架维权巡航执法条例》，对外国渔船侵渔、非法科研、影响构造物安全等海上活动以及海上执法所涉及的紧追、登临、扣押，行政及司法程序等作出具体规定。尤其明确：（1）海上执法机构及其人员采取强制措施、登临、紧追的条件、程序；（2）海上执法机构移交司法程序的规定；（3）海上执法机构及其人员使用武力的条件、程序等。

四是开展公海巡航相关法律制度和执法规范的研究。开展公海巡航是一项长期和艰巨的任务，我国应尽快制定公海巡航的规划，完善工作内容和区域，完善巡航制度，提升巡航能力，加强公海执法国际合作。

五是研究国际海底和“区域”活动等新领域的执法。新《国家安全法》将外层空间、国际海底区域和极地等新型领域纳入国家安全领域。海上执法的未来目标是依法保障新型领域的相关活动的正常开展，资产和人员的安全。加强执法国际合作。

2. 健全和完善现有法律法规

一是尽快修订现行法律法规。中国海警整合后，海上执法主体应作相应调整。海洋执法领域的执法主体应由“中国海监机构”调整为“各级海警机关”。渔业执法、海关缉私执法、海上治安执法等领域的执法主体应在原来的执法主体

基础上增加“各级海警机关”。修改的方式有两种，第一种是提请全国人大常委会、国务院对需要修改的法律法规进行一次性集中修改。第二种是由相关部门分别提请全国人大常委会、国务院对各自的法律法规逐一进行修改。

二是加快清理部门规章和规范性文件。中国海警整合后，有些规范性文件出现了冲突的情形，应对规范性文件进行清理，根据法律文件的效力层级，必要的规范性文件可以上升为行政法规，需要继续适用或者修改后适用的应重新制定下发。

3. 执法与司法有效对接

我国在制定与完善海上维权执法相关配套法律措施的基础上，需要协调执法部门与司法部门如何有效对侵权案件的执法、取证、移交以及进入司法程序的机制。

一是法律适用问题。针对外国渔船在专属经济区内的侵渔问题，可适用我国《刑法》规定的非法捕捞水产品罪，我国有权对其进行刑事侦查。同时建议将《刑法》的“偷越国边境罪”修改为“非法入出境罪”，严厉打击外国渔船有组织、有目的非法进入我国领海、内水、港口行为，有效维护我国主权，并争取国际舆论优势和外交主动。

二是制定海上证据规则。中国海警确认可疑船只确有违法作业事实后，原则上应当对违法责任人等拘留并提请检察院批捕，留存证明违法行为的照片、视频等视听资料。拘留后，立即进入“担保程序”，告知其担保所需金额，如无担保项，应将可疑船只和违法人员带回，按照一般刑事程序开展刑事侦查。

4. 赋予中国海警刑事侦查权

建议由全国人大常委会以法律文件形式授权中国海警行使侦查权，同时，以两高等部门联合发文，确认海警刑事侦查权，并互相配合，理顺司法程序，或以《中华人民共和国海警法》明确中国海警享有刑事侦查权。

遗传资源获取与惠益分享的国际机制以及我国的应对

李凤琴

本研究报告是嘉兴学院文法学院李凤琴副教授主持的中国法学会2014年度部级法学研究自选课题《遗传资源获取与惠益分享的国际机制以及我国的应对》课题编号（CLS〔2014〕D098）的成果精粹。

《生物多样性公约》（CBD）及《名古屋议定书》确立了遗传资源获取与惠益分享（ABS制度）的双边机制。目前，已经有50多个国家针对CBD制定了国内法上的实施措施。这些国家所采取的措施存在差异，各有特色，值得我国借鉴。

《粮食与农业植物遗传资源国际条约》（ITPGRFA）对于维系各国粮食安全和农业多样性至关重要的粮农植物遗传资源的获取与惠益分享采取了多边体制，便于各国快速地获取粮农植物遗传资源，以作粮农研究、育种和培训之用。然而ITPGRFA有些条款规定较为灵活，对于附件1所列举的粮农植物遗传资源的范围需要各缔约方作进一步的解释，而且条约的履行也需要各缔约方采取有效的措施加以推进。

CBD的双边机制与ITPGRFA体系下的多边机制在遗传资源的获取与惠益分享方面存在很大差别。而CBD成员国中有127个国家同时又是ITPGRFA的缔约方，这就要求这些缔约方采取国内措施同时履行两种ABS机制下的国际义务。

然而，由于两种国际机制的管辖范围模糊等原因，导致缔约方协调履行两种国际机制的效果并不理想。我国一旦加入ITPGRFA，也面临着如何协调执行两种国际机制的问题。

我国目前仍处于遗传资源提供国地位，有必要加入ITPGRFA和《名古屋议定书》。我国现行有关遗传资源获取与惠益分享的国内立法，虽然已经形成初步框架，但是仍无法满足遗传资源保护和利用的需要，需要制定专门立法予以补充和完善。

一、四个基本结论

（一）遗传资源获取与惠益分享国际机制较为复杂，我国需要明确国家政策，建立符合本国国情的遗传资源获取与惠益分享机制

目前，规范遗传资源获取与惠益分享的国际机制主要包括CBD和《名古屋议定书》的双边机制以及ITPGRFA的多边机制。此外，世界贸易组织（WTO）缔结的《与贸易有关的知识产权协议》（TRIPs），以及世界知识产权组织（WIPO）对遗传资源获取与惠益分享问题也给予关注，并引发很多争议。

然而，各国际规则存在交叉与重叠，在国家层面的实施进程中也存在诸多障碍。我国必须准确定位遗传资源的获取与惠益分享的国家政策，从而在国际谈判中明确自身立场，并在国内立法和政策制定中选择合理的遗传资源获取与惠益分享模式。

（二）我国有必要加入《粮食与农业植物遗传资源国际条约》（ITPGRFA）

我国粮农植物遗传资源丰富，但是破坏严重，这将威胁到我国的粮食安全。虽然中国政府及有关机构一直努力促进遗传资源的方便获取，但是随着CBD在成员国的履行，许多国家开始制定针对本国植物遗传资源保护的立法，限制了遗传资源的出口和交换。中国从国外获取遗传资源的数量变得越来越少，特别是对那些起源地在外国的植物遗传资源的获取变得更加艰难。

而一旦加入ITPGRFA，我国科研机构、国内企业等就可以有机会免费并较为便利地获取多边系统下的粮农植物遗传资源用于育种研发，解决我国目前面临的粮食作物多样性缺失的困境，从而有效保障我国的粮食安全以及农业的可持续

发展。

（三）我国加入《名古屋议定书》势在必行

就议定书规定的缔约方义务而言，总体上是对作为主要遗传资源提供国的发展中国家较为有利。目前许多生物多样性丰富的发展中国家，比如南非、印度、墨西哥等都已经批准加入《名古屋议定书》，我国是世界上生物遗传资源最丰富的国家之一，目前仍处于遗传资源的提供国地位，我国应尽早启动加入《名古屋议定书》的国内法律程序，以确保我国政府、国内私人公司、地方社区的合法利益。

（四）我国现行立法无法满足对遗传资源的保护，应制定专门的遗传资源获取与惠益分享立法

为履行CBD的义务，我国已经初步建立了生物多样性法律保护体系，从而为遗传资源保护提供了一个初步的法律框架。但是现行立法存在结构性缺陷，其并非专门针对遗传资源的立法，动物、植物遗传资源的保护只能通过野生动物、植物等生物资源的保护而间接获得实现，而且目前立法并未对微生物遗传资源的获取进行规范；现行立法只重视对生物资源的管制，而忽视对生物资源的开发和利用，也没有构建一个协调、提供支持和能够进行检测跟踪遗传资源利用情况的管理框架；现行立法所确立的管理体制难以适应管理遗传资源获取与惠益分享的需要。因此，我国亟须制定专门的遗传资源获取与惠益分享立法。

二、几点建议

（一）我国遗传资源获取与惠益分享管制模式的选择

一国往往根据本国遗传资源的禀赋、国内生物技术能力等来决定其对遗传资源获取与惠益分享的管制模式。从各国立法与实践来看，目前主要存在国家主导型、市场主导型和协调型三种模式。

我国是遗传资源大国，但是遗传资源流失严重，而且我国目前的生物技术能力较弱，因此，我国从总体上来说还处于遗传资源的提供国地位。考虑到我国目前的市场经济机制还不够健全，在此背景下，我国目前对于遗传资源获取和惠益

分享的管制模式应当选择协调型模式。因为国家主导型模式偏重集权式，从而阻碍遗传资源的便利获取；而市场导向型模式必须以完善的市场经济为基础，而我国目前市场经济尚处于发展阶段，私人主体的谈判力量较弱，尚无法与发达国家的跨国公司相抗衡。而协调型模式在强调国家在遗传资源获取和惠益分享过程中的主导作用的同时，承认私人主体参与利用遗传资源的决策及参与公平合理分享这种利用所产生利益的权利，这将有利于我国遗传资源的保护和可持续利用。

（二）遗传资源获取与惠益分享的立法形式

我国目前适合采取专门的立法形式来规制遗传资源获取与惠益分享问题。因为此种立法模式可以专门针对我国遗传资源的保护和可持续利用问题作出规范，与综合性的生物多样性立法相比，其立法目标单一，因而无须花费较长时间进行调研、评估和认证，从而避免立法久拖不决的问题，而且由于立法的专门性，它能够为国家主管部门的实施和执行提供便利。由中国环境保护部2014年主持编写的《中国履行生物多样性公约第五次国家报告》中已经将制定《遗传资源管理条例》作为优先行动。

（三）对《遗传资源管理条例》的相关建议

1.《遗传资源管理条例》的适用范围

（1）遗传资源应当包括“衍生物”。CBD并没有规范“衍生物”的利用与惠益分享问题，经过发展中国家的努力，《名古屋议定书》将“遗传资源的利用”延伸至“衍生物”。我国虽然尚未加入《名古屋议定书》，但是加入《名古屋议定书》势在必行。衍生物是对遗传资源概念的大大扩展，体现了发展中国家的要求。我国作为遗传资源的提供国理应在国内立法中将“衍生物”纳入遗传资源的监管范围。

（2）应当适用于与遗传资源有关的传统知识

我国是一个多民族国家，一些少数民族聚居的地方保留着自己的民族习俗和传统习惯，这些特征与“土著和地方社区”类似。而且，这些少数民族聚居地至今依然保存着大量的传统生态农业技术和医药知识，为保护这些传统知识，2010年国务院批准的《中国生物多样性保护战略与行动计划》（2011—2030年）将“推进生物遗传资源及相关传统知识惠益共享”列为八大战略任务之一。因此，

《遗传资源管理条例》应当将与遗传资源有关的传统知识纳入其适用范围。但是，考虑到与遗传资源有关的传统知识其权利主体、客体等的特殊性和复杂性，《遗传资源管理条例》可以规定与遗传资源有关的传统知识的获取程序，惠益分享的基本安排，其他问题可以通过有关传统知识的专门立法加以解决。

2. 《遗传资源管理条例》的适用例外

（1）将 ITPGRFA 附件 1 中的粮农植物遗传资源排除在外。我国目前不是 ITPGRFA 的成员国，因此，目前没有义务履行 ITPGRFA 多边系统中有关粮农植物遗传资源的获取和惠益分享的义务。《遗传资源管理条例》应当适用于所有动物、植物和微生物遗传资源。然而，我国加入 ITPGRFA 只是时间问题，因此，有必要预先对今后可能承担的 ITPGRFA 的国际义务作出规定。本课题组认为，可以在《遗传资源管理条例》中增加一个条文，规定“国家当局可以决定植物或动物遗传资源的获取可以根据特殊的规则或条件，比如对于多边体系下的植物遗传资源，特别是粮农植物遗传资源的获取与惠益分享依据国际法的规定执行”。

（2）不适用人类遗传资源，我国已经将人类遗传资源的获取进行单独立法。

3. 遗传资源的权利归属

我国现行立法主要就生物资源的所有权作出了规定，即矿藏、水流、森林、山岭、草原、荒地、滩涂等自然资源，属于国家所有或集体所有。我国土地的所有权归国家所有或集体所有，因此，从土地所有权模式和生物资源所有权模式，我们可以确定遗传资源所有权归属于国家或集体所有，而与遗传资源有关的传统知识归当地社区所有，由所在地乡一级人民政府或有关机构代表。

4. 遗传资源的管理体制

《遗传资源管理条例》应当确立“综合协调、分工负责”的基本管理体制。即农业部、林业局、海洋局、中医药局等行政主管部门根据各自的职能，负责本行业的遗传资源的监管工作，由中国环境保护部设立协调机构进行协调。现行立法未规定微生物遗传资源的主管机构的，则由中国环境保护部协调机构负责。考虑到 2011 年国务院已经批准设立“中国生物多样性保护国家委员会”，本课题组认为，可以将该国家委员会作为协调机构，协调各主管部门在管制遗传资源方面的工作。同时，《遗传资源管理条例》应当明确规定，“中国生物多样性保护国家委员会”是所有遗传资源获取与惠益分享申请的直接受理与审查机构。

5. 遗传资源的获取许可

《遗传资源管理条例》应该规定，所有在中国境内获取遗传资源的，必须向国家主管机关提出“事先知情同意”的申请。此种申请应当针对不同类型的申请人设置不同的获取条件，区分研究目的的获取和商业目的的获取。对于研究目的或用于紧急目的之研究（如为避免流行病等）的获取申请，可以规定更为便捷的获取程序，比如可以缩短它的审批期限，也可以由国家主管机关与有关科研机构签订框架性的许可协定，即在科研机构承诺不将遗传资源用于商业目的的条件下，允许其在规定的期限内多次获取遗传资源，而无须就每一次获取重新提出申请。获取与遗传资源有关的传统知识的，需要事先征得传统知识所有人的同意。

6. 惠益分享安排

《遗传资源管理条例》应当规定惠益分享协议的必备条款。如果遗传资源属于国家所有，那么由国家主管部门代表国家与遗传资源使用者签订惠益分享协议；如果遗传资源中包含有传统知识，那么，遗传资源使用者首先应当与传统知识所有人或其代表签订惠益分享协议，然后再交由国家主管部门审核批准。

惠益的形式应当包括货币形式和非货币形式。《遗传资源管理条例》可以规定货币惠益的具体计算方法及支付的最低标准。我国可以参考哥斯达黎加、印度、南非等国家的做法，设立国家生物多样性基金，要求遗传资源使用者将规定的惠益缴存到该基金，再由国家将该笔资金用于保护和可持续利用遗传资源，或提高拥有传统知识的地方社区的生活水平。

7. 监督机制

我国国内立法中应确立必要的监测机制以监督遗传资源使用者的使用行为。我国可以在多个环节设立检查点，特别是在中国知识产权局设立检查点，以监督和跟踪遗传资源使用者是否遵守“事先知情同意”和“共同商定条件”中的有关义务。这就要求专利申请人申请专利时，披露与其请求保护的发明创造有关的遗传资源的来源和原产国。国家还可以在环保部、出版机构、公共资金的项目审批机构等设立检查点。当然，国家主管机构可以要求遗传资源获取许可证持有人定期提交有关遗传资源利用进度的现状报告来跟踪获取协议的执行情况，向我国相关主管机关提交所收集的遗传资源样本等。政府还可以鼓励民间社会在监测生物勘探承诺的执行方面发挥作用。

国际条约在我国法律体系中的地位分析与制度设计建议

冯寿波

本研究报告是南京信息工程大学公共管理学院法律系冯寿波教授主持的中国法学会 2014 年度部级法学研究自选课题《国际条约在我国法律体系中的地位分析与制度设计建议》（课题编号 CLS〔2014〕D112）的成果精粹。

国内外学界对国际条约在国内法律体系中的地位问题并无共识。条约在国内法律体系中的地位问题关涉条约在国内法律体系中的效力、条约的国内适用、条约的国内解释、条约在国内法律体系中的位阶、国家的违约责任等诸多重大理论和实践问题。该选题直接涉及国际法与国内法关系这一国际法的基本理论问题。在全球化背景下，国际法制得以空前发展，国际法规范体系变得丰富与复杂，国际法与国内法之间的冲突、趋同、协调现象日益彰显，国际法和国内法间的关系正呈现出新的时代特点——二者相互依赖、制约的程度在加深，国际共同体意识得以逐步加强。由于我国《宪法》、《立法法》、《缔结条约程序法》等法律对条约在我国法律体系中的法律位阶问题的规定仍付之阙如，从而产生了诸多弊端。包括条约在内的国际法作为控制国家行为的因素之一，表明国家的国内立法、国内机关决策经常不得不考虑国际条约义务、国际社会共同价值。条约在国内的诸适用方式各有其利弊。长期以来，国际法只要求缔约方善意履行国际义务，并不具体规定缔约方在其管辖范围内具体履行义务的方式。现在，许多条约明确规定缔约国应采取必要的国内法措施确保条约相关规定的实施。

条约在国内适用时，不可避免地会遇到条约在国内法上的位阶问题，即条约与一国国内法律，包括宪法和其他一般法律的相互关系问题。随着全球化的演进以及国际共同体意识的逐渐强化，尽管国家仍然是国际法律秩序的制定者和实施者，但其不再享有绝对主权，其权力边界受到国际法制的压缩。国内法的规则内容、体系结构、效力层次受到国际法的侵蚀。国际法的发展正体现碎片化与宪法化并存的特征。从理论上讲，国际法规则间并无效力位阶上的差异，然而，事实上，从当今各国的相关立法与实践来看，条约在国内法律体系中的地位大致可分为五种情形；（1）条约的地位与宪法一致；（2）条约的地位低于宪法，但高于国内的普通法律；（3）条约的地位有条件地高于宪法；（4）条约地位低于宪法，但与国内普通法律地位相同；（5）条约的地位低于国内法。此外，不同性质、不同领域的条约在国内法中的位阶问题也有待学界加强研究。从法理来看，国内法律体系中的诸法律渊源在位阶上的差异，源自于其制定机关在《立法法》下的不同立法权限，不同国家机构在谈判、缔结、批准条约等方面的权限主要依据《缔结条约程序法》的相关规定，因此，条约在我国国内的法律地位问题不仅涉及条约在我国国内的适用、与国内法冲突的解决，还涉及不同性质的条约在中国国内法中的地位、解释主体、解释效力、解释程序等诸多问题。此外，不同性质的条约对条约的国内适用方式也会产生影响。应当在我国《宪法》中明确条约在国内法律体系中的地位，并逐步完善《立法法》的相关规定。《缔结条约程序法》存在条约解释方面的立法缺陷，究其原因，主要包括立法的缺失、该法自身存在的缔约权限及制约机制方面的缺陷以及条约的国内解释与其他国内法解释在主体、效力、客体和方法等方面存在的明显差异等。我国国内法对不同机构规定了不同的解释法律的权限。如果能够初步确定条约在我国法律体系中的位阶，可便于初步确定条约的国内解释主体。《维也纳条约法公约》第46条表明，在特定情况下，条约的效力与缔约国国内法关于缔约权限的规定间存在重要联系，即国内法对缔约权限的配置并非仅仅具有国内法意义。应完善国内法关于条约在国内法位阶和条约国内解释主体、效力方面的规定。条约的国内解释有助于在国内层面上实施条约。从对《WTO协定》在内的国际条约的遵守角度看，应重视国内的条约解释（主体、程序）制度的构建与完善。

目前，我国《宪法》并无条约在国内法律体系中的地位与效力的条款，就条约在我国法律体系中的地位问题而言，通过对大多数国家国内立法例及实践的借鉴和研究，我国《立法法》第78—84条并未明确将条约作为我国法律体系的组成部分并明确其位阶。我们认为，在《宪法》层面，我国应在修改《宪法》时，增加明确条约在我国法律体系中的地位及适用的规定："经正式批准或核准的条约具有高于除宪法之外的法律的效力。我国实行自动执行条约和非自动执行条约制度。"目前对于可以在我国直接适用的条约的标准并无明确规定，仅通过司法解释来予以明确，但所涉条约范围比较有限。因此，我国有必要确立自动执行条约和非自动执行条约制度。条约的法律位阶应高于我国除宪法之外的其他国内法，即条约在中国法律体系中的地位为：（1）宪法；（2）条约；（3）法律；（4）行政法规。如果规定条约在我国法律体系中的地位高于或等同于宪法的地位，会损害中国主权，尤其在当今中国国际话语权有待进一步提升的背景下，就更是如此。可以将中国《宪法》视为条约在国内适用的"安全阀"，过滤掉或规避条约某些条款的国内实施给中国国家重大利益造成的损害。事实上，当今世界已有27个国家通过宪法明文规定了"条约优于一般国内法"。这种国际立法潮流是值得我国借鉴的。这些国家包括希腊、美国、墨西哥、土耳其、荷兰、法国、俄罗斯、阿尔及利亚、突尼斯等国。

对于条约与国内法冲突问题，课题组认同邵沙平教授的主张："在国内法与国际条约冲突时，采取优先适用国际条约的规定是解决冲突较为妥善的办法。"但课题组还认为，就中国而言，可能需要思考下列问题：鉴于一些重要的多边条约往往体现了众多缔约国利益的协调，并非所有条款都符合我国利益，且有些重要条约不允许保留，此外，我国对外开放时间并不长，在条约的谈判、缔结等方面经验与能力均有待提升，赋予条约以低于宪法（和后法）的效力，有助于维护中国重大利益，增加规避条约义务的空间及为司法、执法部门提供国内法依据。

鉴于我国涉及条约解释的立法、理论和实践中存在的问题和争议，以及在可预见的期间内修改《宪法》、《立法法》的可能性难以预测，参照国外相关立法例，作为过渡性措施，我国目前应完善《缔结条约程序法》中的条约解释条款，明确条约在我国法律体系中的位阶，并由此为确定条约的国内解释主体和权限奠定基础，并完善我国条约缔结、解释中的权力制约机制、条约国内解释程序。建议未来修改草案中增加下列内容：（1）依法批准或者参加的条约，自对我国生效之后具有高于法律的效力，但与我国《宪法》相抵触的条款，《宪法》具有高于该抵触条款的效力。（2）对于具有基本法律性质的条约的解释，全国人大及其常委会拥有解释的权力；对于具有契约性质的经贸性质的条约的解释，国务院及相关部委具有解释的权力；最高人民法院和最高人民检察院在个案中对条约的解释不具有普遍的效力。（3）应当规范条约的汉译和国内法的外文翻译。（4）加强对条约国内解释权力的制约和监督。

《东京公约》议定书及其国内化研究

张君周

本研究报告是中国民航管理干部学院张君周副教授主持的中国法学会2014年度部级法学研究自选课题《〈东京公约〉议定书及其国内化研究》（课题编号CLS〔2014〕D114）的成果精粹。

2014年3月26日至4月4日，国际民航组织在总部蒙特利尔举行国际航空法外交会议，审议和修订1963年《东京公约》，通过了《关于修订〈关于在航空器内的犯罪和其他某些行为的公约〉的议定书》（以下简称《议定书》），该议定书自2014年4月4日后，在蒙特利尔国际民航组织总部向所有国家开放签署。该《议定书》的通过是国际民航组织以及各缔约国和国际航空运输协会（IATA）等国际组织历经10余年的努力的成果，也是民航安保公约近年来的又一大进步，正如时任国际民航组织秘书长的本杰明先生所言："这份《东京公约》的新议定书对于保障全球范围内的旅客和机组安全，将起到重要的促进作用。"

《议定书》的制定中涉及不循规行为管辖权、不循规行为类别以及机长及航空安全员等重大问题。1963年《东京公约》中关于管辖权的规定进一步发展。《议定书》指出《东京公约》确立了以航空器登记国管辖权为核心，同时不排除缔约国根据本国法行使管辖权的并行管辖体系，以及规定了非航空器登记国依照传统管辖权原则管辖的情形。但是，《东京公约》管辖权体系仍存在不足，包括缺乏对降落地国管辖权的规定，导致实践中经常出现"管辖空白"的情形。此外，《东京公约》缺乏对不循规行为强制管辖权的规定也使得对此类案件的管辖在实践中更多地取决于缔约国的意愿，增加了此类案件管辖的不确定性。这些都给现实中处置不循规行为带来了障碍和不便。因此 2014 年《蒙特利尔议定书》作为国际民航组织实现《东京公约》现代化的成果，在管辖权方面的规定保留了航空器登记国的管辖权以及并行管辖的体系并在此基础上扩大了管辖权的依据，增加了航空器降落地国管辖权和航空器经营人所在国管辖权，在很大程度上弥补了《东京公约》管辖权规定的不足之处，对于有效遏制和规制航空器内不循规旅客行为有着积极的作用。但是，《议定书》中关于管辖权的规定仍存在不足之处：新增的降落地国管辖权对降落地国的限定条件过窄；《议定书》未对“罪行”和“行为”给出明确的定义，而是由各缔约国法院决定，使得公约规定的所谓确立管辖权“义务”实际上也在很大程度上取决于各缔约国的意愿，大大削弱了公约作为国际法的实际效用。从我国具体情况来看，尽管我国民用航空器上的旅客扰乱行为在数量和破坏力上均呈上升趋势，但我国尚未制定专门规制不循规旅客行为的法律法规，《治安管理处罚法》、《民用航空法》、《民用航空安全保卫条例》以及《公共航空运输企业航空安全保卫规则》对不循规旅客行为进行规制。管辖的依据是属地管辖和航空器登记国管辖原则，而并没有关于航空器降落地国的管辖权和经营人所在国管辖权的规定。因此，需要我国在立法中采取更为积极的管辖权原则，特别是在此次《治安管理处罚法》的修订中，拓展对违法行为的管辖权使用范围，加大与国际公约的衔接工作。

在《议定书》制定中，对于“不循规行为类别”也一直存在支持类别清单和反对类别清单的争议。考虑到争议较大，为了更好地解决问题，国际民航组织法律委员会专门成立了行为清单工作组。经研究，工作组认为应当列举较为严重的不循规行为。同时，列举的行为应避免与已经通过的民航安保公约中的犯罪行为重复。对于轻微的不循规行为，工作组认为还是由各国的行政法来处理。在《东京公约》外交大会之前的法律委员会第 35 届会议上，代表们基本达成一致意见，一是如果明确不循规行为的类别，应避免与其他民航安保公约相交叉；二是可以通过第 288 号通告，列明航空器内所犯的不循规行为类别。即形成国际公约与通告相互配合，共同发挥作用的模式。《议定书》最终规定了两类严重的行为，分别是：（1）机组成员实施人身攻击或威胁实施此种攻击；（2）拒绝遵守机长或以机长名义为保护航空器或机上人员或财产的安全之目的发出的合法指令。就我国的情况来看，航空器内不循规行为具体类别的规定在我国法律、法规和规章中多有体现，且我国民航行业内法规标准所列举的不循规行为类别与第288号通告立法范本有许多重合之处。这些行为成为公安机关、执法机关判断是否构成违法犯罪的重要依据，然后根据行为情节及后果等因素，适用《治安管理处罚法》或《刑法》进行处罚。但是，从具体条文来看，我国现行立法并没有完全涵盖所有行为类别，更没有体现出飞行中航空器的特色。因此，需要在民航行业立法中尽可能地囊括《议定书》及第288号通告所列举的行为；另外，对于新近出现的如开应急舱门等行为，也应纳入国家立法中。

"机长权力和机上安保员职责"的研究，课题以1963年《东京公约》现代化为视角，并以1963年《东京公约》和2014年《议定书》为基础，结合有关国家的相关立法和实践，对民用航空运输中机长的权力进行研究，并对机上安保员的法律地位进行探讨，从而对民用航空运输中的机上执法权问题进行梳理。从国际公约来看，对于机长权力，1963年《东京公约》和2014年《议定书》作出了系统的规定，包括机长行使权力的目的和范围、时间和空间的限制、三种合理措施以及免于诉讼的保护性规定等方面。机上安保员作为新兴的安保力量在三大国际安保公约中均并没有体现。2012年国际民航组织法律不循规旅客问题特别小组委员会第二次会议上，机上安保员制度被提上议程。但是，对于机上安保员的法律地位及权力范围仍然存在很大争议。特别小组委员会决定，在修订1963年《东京公约》议定书的第3号临时草稿第4条和第5条中分别列入两组体现不同观点的机上安保员的备选案文。最终，2014年《议定书》在第6条和第10条中纳入机上安保员制度，其中包括机上安保员的权力范围和事后保护。从《议定书》来看，机长与机上安保员的关系对于维护机上秩序、保护机上人员与财产安全显得尤为重要，二者职责范围不同，在保障航空安全的过程中相互合作并相对独立。关于飞行中民用航空器机上执法问题，我国处于机长、航空安全员以及空警三者并立的局面，对于其权力范围的规定主要分布在《民用航空法》、《民用航空安全保卫条例》以及《空中警察管理规定(试行)》中，三者在权力行使方面存在一定重合，导致权力行使方面的冲突。因此，研究从机长的权力范围、航空安全员的法律地位以及我国的空警制度三个方面明确三者权力范围，以更好地维护民用航空器安全。最后，通过对于权力冲突以及目前我国立法现状的分析分别提出完善建议。我国的机长、航空安保员以及空警在维护民用航空运输安全方面，三者并存的形式虽然有利于提高民用航空运输的安全性，但是在各自行使权力中也不可避免地会发生冲突。因此，在坚持机长最高权限的同时，应将其主要职责放在飞行技术安全方面，同时制止普通非法干扰行为可由航空安保员予以执行，而空警则应侧重于严重危及机上安全的行为。另外，目前我国关于机长、航空安全员以及空警的立法过于陈旧粗糙，严重滞后于维护民用航空运输的安全形势需要，需要综合国际公约的最新内容以及国内实践的最新发展予以更新完善。应当完善机长权力并明确航空安全员的法律地位，同时考虑到机长、航空安全员以及空警迅速而有效地行使权力以维护民用航空运输的安全，应遵循 1963 年《东京公约》及 2014 年《蒙特利尔议定书》的做法，给予其事后免于诉讼的保护，当然此种保护也应受到合理理由的限制。

就我国民航运输来看，不循规行为问题突出，《议定书》的出台对我国的民航安保工作意义重大。我国现行的法律、法规及规章体系对不循规行为虽已有一些规定，但是仍存在不足。需要在《民用航空法》、《治安管理处罚法》、《民用航空安全保卫条例》、《公共航空旅客运输飞行中安全保卫规则》以及《民用航空安全检查规则》等相关国家立法中予以体现。（1）扩大我国立法对不循规行为的管辖权，实现与《议定书》规定的对接；（2）完善机长权力，增加机长授权及免责条款的规定；（3）增加对机上安保员（我国空中警察）职责、地位以及采取措施、事后保护的规定；（4）增加立法中对不循规行为种类的规定。

此外，对于不循规旅客的索赔权等内容，也应当在我国的立法中逐一体现。通过 1963 年《东京公约》和 2014 年《议定书》及第 288 号通告更新版的推广，促进我国处置不循规行为的立法工作和实践工作，进而保障我国民航运输的正常、有序发展。

关于加强中国与中亚国家国际司法协作的建议

袁利华

本研究报告是新疆师范大学袁利华讲师教授主持的中国法学会2014年度部级法学研究自选课题《丝绸之路经济带建设中中国与中亚国家合作发展的具体方式和制度创新研究》（课题编号CLS〔2014〕D116）的成果精粹。

在当前形势下，中国与中亚国家有必要进一步加强和巩固相互之间的司法协作。在双边立法上，应增加与中亚国家缔结的双边条约的数量，补充和完善相关条约内容。在区域层面，应在上海合作组织框架内增设司法协助的内容，建立区域性刑事司法协作中心和刑事司法协助区域化机制。在共同应对“三股势力”、去除“宗教极端”方面，应以事前预防为重点，强化区域内的执法合作。

司法协作在保障中国与中亚国家跨国民事诉讼、刑事诉讼活动正常进行，及时有力地打击、惩罚犯罪和顺利解决跨国民事纠纷，维护国家利益和社会稳定方面起着重要作用。随着中国与中亚国家之间经贸往来不断深入发展以及“三股势力”、毒品犯罪和跨国有组织犯罪活动的日益猖獗，中国与中亚国家之间开展司法协作具有强烈的时代紧迫性和现实性。

目前，我国与中亚国家在司法协作方面已初步形成包含单边、双边、多边立法在内的多层次法律框架，我国与中亚国家司法协作实践工作在逐步展开，出现一些好的司法合作案例。但是，中国与中亚国家之间国际司法协作仍然存在诸多缺陷。拟从以下几个方面提出建议：

一、进一步加强双边法律合作

双边司法协作条约是在平衡各方利益的基础上，兼顾和协调各国国内法的差异，以规范和确定各方司法协作义务为主要内容的国际法。双边司法协作条约是我国与中亚国家开展司法协作的具体参照，是目前我国与中亚国家之间开展司法协作的主要法律依据。但存在的问题是：

（一）与中亚国家尚未完全缔结双边司法合作条约

自20世纪90年代起，我国分别与哈萨克斯坦、吉尔吉斯斯坦、塔吉克斯坦、乌兹别克斯坦签订双边刑事和民事司法协助条约；但到目前为止，我国与土库曼斯坦还未缔结双边刑事和民事司法协助条约。双边引渡条约方面我国仅与哈萨克斯坦、吉尔吉斯斯坦、乌兹别克斯坦缔结了条约，尚未与塔吉克斯坦、土库曼斯坦缔结条约。尽管根据中、俄、哈、吉、塔、乌六国缔结的《打击恐怖主义、分裂主义和极端主义上海公约》将“恐怖主义”、“分裂主义”和“极端主义”明确规定为“应视为可相互引渡的犯罪行为”，但同时说明引渡和刑事司法协助的具体事项应根据成员国“参加的国际条约并考虑到各方国内法开展合作”，最终，中塔、中土之间在涉及引渡罪犯的具体事项时仍然缺乏相应的法律依据。2012年，我国与吉尔吉斯斯坦签署《中华人民共和国和吉尔吉斯共和国关于移管被判刑人的条约》，2013年我国批准了该条约，但与其他中亚国家之间尚未签署移管被判刑人的条约。

不存在双边司法协作条约关系意味着我国与中亚国家进行司法合作时，只能根据各自的国内法，在平等互惠的基础上进行个案合作。此种合作不具有义务性，因此也具有不确定性和不稳定性的特点，不能适应现代国际社会日益增长的司法协作需求。因此，应在各自国内法的基础上，参照司法合作国际立法和惯例，继续与中亚国家缔结双边司法协助条约、引渡条约和移管被判刑人条约。

（二）司法合作条约内容上亟待进一步完善

我国与中亚国家之间的司法协助条约基本上都是在20世纪90年代缔结的，在内容上难免存在缺漏和滞后的地方。譬如，《中华人民共和国和哈萨克斯坦共和国关于民事和刑事司法协助的条约》第24条规定了赃款赃物的移交（我国与其他中亚国家的司法协助条约都作了类似规定），但移交的赃款赃物是否包括利用犯罪所得而取得的收益、犯罪工具或其他物品？犯罪所得应当采取怎样的程序和方式进行没收？需符合什么条件？在犯罪人死亡、潜逃或者缺席而无法对其起诉的情形下，能够不经过刑事定罪而移交这类资产？这些并未明确，在实践中容易造成混淆。财产权是一种非常重要的权利，国际合作中涉及财产权问题时尤其敏感，须谨慎行事。我国与中亚国家在跨国禁毒领域的合作尤其涉及财产权的处理问题，在双边合作中应确立以追缴被非法转移的犯罪所得或收益为中心的司法协助新体系。

二、促进刑事司法协助的区域化合作

我国与中亚国家之间的刑事司法协作主要停留在双边司法协助条约及其实践之上。当前，我国与中亚国家在防范和打击“三股势力”、毒品犯罪、海关走私等方面面临着特殊的重要任务。单凭某一个或两个国家的力量很难应付跨国犯罪和彻底根除“三股势力”。要保护共同利益，保护各个国家的自身安全，中国与中亚国家联手对付跨国性犯罪已成为历史必然。区域性刑事司法协助在防范和打击跨国犯罪方面具有自身独特的优势，有利于进一步压缩犯罪分子利用地域空间和不同国家法律差异而寻求新的生存空间和杜绝滋长新的犯罪的可能性。

上海合作组织是中国与中亚国家之间开展区域性司法合作的主要基地，在维护区域安全稳定方面发挥了重要作用。自2001年成立以来，上海合作组织框架下先后签订了涉及中亚区域性司法合作的国际条约，主要包括《上海公约》、《上海合作组织成员国关于地区反恐怖机构的协定》、《上海合作组织成员国关于合作打击非法贩运麻醉药品、精神药物及其前体的协议》等，从信息安全、反恐军演、联合执法、政治磋商、打击贩毒、走私枪支犯罪等方面建立起相对完备的法律体系，确立了成员国联合打击“三股势力”、毒品走私、有组织犯罪等跨国犯罪的司法合作机制和相关部门的协作及其会晤机制。然而，该组织自身还存在着缺陷，关于刑事司法协助的内容也未有涉及。

当前形势下，我国应对上海合作组织的区域目标和功能重新定位，进一步深化安全领域的合作。可以比照《欧洲刑事司法协助公约》和《泛美刑事司法协助公约》，推动各成员国在上海合作组织框架下制定一部专门性的刑事司法协助条约，建立区域性刑事司法协作中心，形成中国与中亚国家之间刑事司法协助的区域化机制。以此统一各国刑事司法协助的步调，为打击“三股势力”和其他跨国犯罪提供快捷通道，提高个案的处理效率。为更有效地打击暴力恐怖犯罪，还可以在条约中确立“或协助或审判原则”，以深化犯罪的布控和惩罚机制。

三、强化区域内的执法合作

执法合作是近若干年来国际社会特别关注的一个议题，2003 年《联合国反腐败公约》第 48 条对此专门作出规定。执法合作与刑事司法协助之间的相似之处是：第一，它们都是以打击犯罪为宗旨。第二，他们所采取的措施可能是相同的。例如，在执法合作中也可能采取调取证据材料、通信侦听、建立联合调查机构等合作措施。两者之间也存在明显的区别。首先，在主体方面，执法合作的主体比刑事司法协助的主体更加宽泛，可以是任何拥有行政执法职能的机关，即便他们根据本国法律不享有刑事司法权。其次，合作的目的与对象不同，执法合作一般是为了预防、稽查或者侦破犯罪或行政违法行为而展开的。同时，执法合作还可以针对一般的行政违法行为。最后，在程序方面，执法合作的开展则可遵循比较宽泛的程序规则，仅以合法、有效、快捷为准则。鉴于中亚地区复杂多变的安全形势以及给我国带来的严重影响，在推进区域内刑事司法协助机制的基础上，应进一步协调各国立场，加强区域内执法合作。

我国与中亚国家之间开展的司法协作在合作主体、合作目的与对象方面比较狭窄，在程序方面较为烦琐冗长，不利于全面快捷有效地预防与打击跨国犯罪。常态化的执法合作机制是我国与中亚国家共同应对“三股势力”、去除“宗教极端”的必由之路。近年来，由于新疆境内反恐措施的加强以及中亚相关国家与我国的合作，境内人员借助正常的人口流动与迁徙路线，选择了迂回出境的线路。因此，针对流动人口做好服务、干预安置和预防措施尤为重要。多功能的执法合作有利于联合各方面力量，采取形式多样的灵活性的手段，增加治理的有效性和针对性。

中韩两国间货物陆海联运法律问题研究

马卫东

本研究报告是青岛大学法学院教研室主任马卫东副教授主持的中国法学会2014年度部级法学研究自选课题《中韩两国间货物陆海联运法律问题研究》（课题编号CLS〔2014〕D117）的成果精粹。

2005年6月1日，中韩两国政府签署自由贸易协定。中韩自由贸易区一旦生效，两国间货物贸易量将会激增，而作为货物贸易重要环节的运输将凸显其重要地位。陆海联运，作为新型运输方式将得到迅猛发展，而其所涉及的法律纠纷亦会增加。因此，本课题研究成果将会为中韩两国间的货物运输纠纷解决提供理论依据。

一、成果摘要

本课题研究包括中韩货物陆海联运立法综述、法律适用研究、法律关系研究和运输中的保险问题研究四部分。

（一）货物陆海联运立法综述

从国内法律现状来看，可调整中韩货物陆海联运的中国法律仅有《合同法》和《海商法》。《海商法》是调整特定的海上运输关系和船舶关系的法律规范，其调整的是中国段的海上运输部分。由于该法自实施以来未修改过，部分内容已不符合实际情况的需要，并且该法对多式联运这种运输方式的规定粗略，因此不能有效地解决中韩陆海联运中涉及的重要法律问题。《合同法》调整陆路运输部分，内容简单，缺乏可操作性，是调整合同关系的一般规定。韩国陆路运输和海上运输的法律都规定于《韩国商法典》中，相较于我国的《海商法》，新修订的《韩国商法典》规定比较完善，缺点是未对多式联运作出详细规定。为此，韩国司法部提议起草一部能覆盖所有运输方式的多式联运法律，即《多式联运法律草案》。该草案建立了一套完整的可调整多式联运所有方式的法律体系，弥补了商法典的不足，但是草案通过与否尚不能确定。

从国际层面看，调整多式联运的国际公约和规则主要是《联合国国际货物多式联运公约》、《联运单证统一规则》和《多式联运单证规则》。1980年《联合国国际货物多式联运公约》至今尚未生效，尽管有两个国际规则可供当事人选择适用，但这毕竟是民间规则，并且也存在一些法律上和技术性的问题亟须解决。

（二）中韩货物陆海联运法律适用研究

我国民商事法律适用以当事人意思自治为原则，无意思自治时，采用最密切联系原则。在意思自治过程中，当事人既可以协议选择中国法，又可以选择外国法，但选择的法律必须是现行的实体法。

在中韩货物陆海联运中，当事人双方明确约定适用法的情况下，可自主选择国内立法或国际条约。在没有约定法律适用的情况下，根据买卖双方和承运人的住所地或经常居住地不同，就会产生不同的法律冲突以及对应的法律适用问题。如果三者有同一住所地或经常居住地，则直接适用韩国或中国的国内法。如果买卖双方分别位于两国，由其中一国的人负责运输，这时要根据不同的法律关系具体分析法律适用。在买卖合同法律关系中，当事人如果在我国法院提起诉讼，适用法院地法（即我国法），合同在买方住所地签订或者约定合同在买方住所地履行交货义务的，适用买方住所地法律，否则适用卖方住所地法律；如果在韩国法院提起诉讼，则根据韩国的国际私法确定法律。在运输法律关系中，我国没有规定运输合同法律关系的法律适用问题，没有约定时，可以适用与合同有最密切联系地的法律。侵权法律关系中，我国规定侵权法律关系适用共同居所地法，无共同居所的，适用侵权行为地法；韩国国际私法中没有对侵权法律关系的适用作出具体规定。如果买卖双方有相同的住所地或经常居住地，而承运人与二者不同，此种情况可以直接适用上述情况分析。

（三）中韩陆海联运法律关系研究

中韩陆海联运法律关系即各方当事人之间的权利义务关系。本部分主要从责任形式、归责原则和赔偿范围三个方面来分析物流经营人与海运方、货方和港口经营人之间的权利义务关系。

物流经营人（即多式联运经营人）和货方以及海运方之间均存在合同关系。从责任形式来看，我国《海商法》、《合同法》以及《韩国商法典》均采用修正的网状责任制，但是相比较而言，修正的统一责任制规定多式联运经营人以相同的责任制度对全程运输负责，并且对货物的隐藏损失的责任作出特殊规定或约定，使运输风险在多式联运经营人和货方之间得到较为合理的分配，是中韩陆海联运中多式联运经营人最适宜的责任形式。归责原则方面，各种单一运输方式的国际公约中，承运人的归责原则不同，但除海运外，国际公路、铁路等运输方式的归责原则非常相似，趋向于严格责任原则。反观海上运输的国际公约，1980年《联合国国际货物多式联运公约》以及两个国际规则均实行过错推定责任原则。随着运输技术的提高和物流的发展，实行严格责任原则是运输发展的必然趋势，加之大量的货损实际发生于非海运区段，故多式联运经营人的归责原则应采用陆上运输的归责原则，即严格责任原则，另外可以赋予多式联运经营人航海过失免责和火灾过失免责两项权利，再根据多式联运自身的特点和合同双方当事人的约定，具体确定多式联运经营人的归责原则。在赔偿范围方面，根据合同法的原理，经营人只对合同签订时可以预见或应当预见的损失承担赔偿责任，并且承运人对由于不能免责的原因所致货物损毁或迟延交付造成的损失的赔偿数额控制在一定范围之内，这实际上是对承运人赔偿责任的部分免除，但是当经营人故意或明知可能造成货物灭失、损坏或迟延交付仍作为或不作为时，经营人不得援用有关该责任限制的规定。物流经营人与港口货物装卸方的关系参照1991年的《联合国国际贸易运输港站经营人赔偿责任公约》的规定，港口货物装卸方与物流经营人签订合同，负责将其控制区域内的货物进行装卸或保存等与运输有关的服务。

（四）中韩陆海联运保险问题研究

本部分主要从保险对象、保险标的、承保范围和除外责任等方面进行分析研究。中韩货物陆海联运中主要涉及的保险可能是海上货物运输保险和船舶保险。在联运过程中，根据贸易合同中约定的义务，由负责购买保险的一方与保险公司签订保险合同。此时，购买保险的一方为被保险人，需缴付约定的保险费，保险公司为保险人，当货物毁损是由于合同约定的事由导致时，保险人需以保险金的形式予以赔偿。海上保险合同中的保险标的包括运输货物及运输货物的预期利润。在甩挂运输中，牵引车和挂车的保险问题，根据法律规定，挂车不投保交通事故责任强制保险，发生交通事故造成伤亡或损失时，由牵引车投保的保险公司在交强险限额范围内予以赔偿，不足部分由牵引车和挂车方承担赔偿责任。海上货物运输保险包括主险和附加险，附加险须投保主险后再另外选择投保，不可单独投保。另外，《海商法》赋予了保险人除外责任，包括由被保险人故意或过失引起的损失，由于货物包装不足或不当等发货人责任所引起的损失，保险责任开始前被保险货物已存在品质方面的损失，被保险货物的自然属性，本身缺陷或自身损耗所引起的损失，以及战争险和罢工险规定的除外责任等。除外责任由保险人负举证责任，并且在订立合同时应作出足以引起投保人注意的提示，并以书面或者口头的形式向投保人作出明确说明，否则该条款不产生效力。船舶保险除保险标的是船舶外，承包范围和除外责任与货物运输保险相同。

二、解决的实践问题

第一，中韩两国在货物陆海联运过程中存在的法律适用问题得到解决。

发生法律冲突时，以当事人意思自治原则为主。双方已在合同中约定所适用的法律的，适用该法律。当事人没有约定的，根据双方之间的法律关系以及受诉国的法律规定确定准据法。法律适用问题一直是国际私法的重点，是解决国际民商事纠纷首先确定的问题。只要厘清案情，明确所涉及的法律关系，就能解决法律适用问题。

第二，多式联运经营人的责任形式采用修正的统一责任制。

目前，网状责任制和统一责任制因自身存在的缺陷，已很少被国内法及国际条约采用。网状责任制下当不能确定损坏发生的区段时就无法明确赔偿依据，给货方增加了风险的不确定性，中韩两国在现有的法律中多采用修正的网状责任制，以此弥补网状责任制的缺陷。尽管在修正的网状责任制中，当事人可以通过法律规定或双方约定来减小风险，但是联运经营人需依各区段不同的法律规定对全程运输负责，这难免增加工作量，降低效率。而修正的统一责任制规定多式联运经营人以相同的责任制度对全程运输负责，并且对货物的隐藏损失的责任作出特殊规定或约定，这使得运输风险在多式联运经营人和货方之间得到较为合理的分配，是目前运输界接受度最高的责任形式，也是中韩货物陆海联运中联运经营人应该采用的最适宜的责任形式。

第三，多式联运合同中双方当事人的识别。

根据1980年《联合国国际货物多式联运公约》的规定，联运经营人与托运人签订多式联运合同，成为合同的双方当事人，二者之间存在合同关系。联运经营人并不是托运人或实际承运人的代理人或委托人，也就是说，合同的双方当事人是多式联运经营人和托运人，而非联运经营人与实际承运人或者实际承运人与托运人。多式联运经营人将货物交于实际承运人完成运输时，双方签订运输合同，产生运输合同关系，此处的运输合同只是一般的运输合同，而非多式联运合同。托运人与实际承运人在运输过程中并不直接接触，只有发生货损或迟延交付时，托运人才可向实际承运人追偿，因此，中韩货物陆海联运合同的双方当事人是多式联运经营人和托运人。

第四，保险与联运经营人的责任衔接问题。

当陆海联运中的货物发生毁损时，货方可以向联运经营人索赔，因投保海上货物保险也可以获得保险人的赔付，但法律不允许当事人获得双重利益，因此需要平衡好两种获赔方式。中韩陆海联运中，发生保险责任范围内的损失时，货方得到保险公司的赔付，保险公司也取得对联运经营人的索赔权。当保险金与联运经营人的责任限额相同时，保险人向货方赔付保险金后直接向联运人追偿即可。在保险金额大于联运经营人的责任限额情况中，可以相应扣减货方已取得的赔偿金。在保险金额小于联运经营人的责任限额情况中，保险人从联运经营人处追偿得到的金额超过保险金额的，应将超出部分交还给货方。由此可以看出，当保险金额与联运经营人的赔偿限额一致时，货方可得到的补偿以保险金额为准，当二者不一致时，货方可得到的赔偿以联运经营人的责任限额为准。

第五，牵引车和挂车的保险问题。

根据《机动车交通事故责任强制保险条例》的规定来看，陆路运输中，挂车不投保交通事故责任强制保险。发生交通事故造成伤亡或损失时，由牵引车投保的保险公司在交强险限额范围内予以赔偿，不足部分由牵引车和挂车方承担赔偿责任。这表明牵引车和挂车同为一体，为牵引车投保即可，事故发生后，保险人也仅以牵引车投保范围为限承担责任。在陆海联运的甩挂运输中，挂车与牵引车分离，与货物一同上船运往对方港口，一旦在船舶航行过程中发生事故，二者都可能发生毁损。这个过程可以把挂车作为保险标的，由运输公司作为被保险人与保险公司签订海上货物保险合同，对挂车提供保护。

论国际能源领域直接投资征收争议的解决

李　英　于　迪

本研究报告是华北电力大学人文与社会科学学院李英教授主持的中国法学会2014年度部级法学研究自选课题《中国对外能源投资争议解决研究》（课题编号CLS〔2014〕D118）的成果精粹。

国际能源领域直接投资是国际投资的重要表现形式，而国际能源领域直接投资中的征收是东道国以其公权力在某种程度上限制外国投资者私人财产权的一种行为，这种行为可能导致外国投资者主体资格丧失，合法收益被东道国吞噬，从而增加在东道国投资的不确定性甚至引起投资国与东道国的投资摩擦。本文以东道国的当地救济、投资国的外交保护、解决投资争端国际中心机制以及其他国际仲裁等方面出发，分析现行征收争议解决存在的问题，从而提出解决问题的构想。

一、国际能源领域直接投资的征收风险

（一）国际能源领域直接投资的概念

国际直接投资是国际投资的主要方式之一，联合国贸易和发展组织（United Nations Conference on Trade and Development，简称UNCTAD）发布的《2014年世界投资报告》显示，2013年全球外国直接投资流入量为1.45万亿美元，年末存

量为25.5万亿美元。长期展望显示全球外国直接投资（Foreign Direct Investment，简称FDI）增势稳健，如不发生宏观经济动荡，在2015年将达到1.75万亿美元。

国际能源领域的直接投资是指具备一定资质的投资者（包括自然人、法人、国家和国际组织）为获取一定的投资收益，在能源领域以设立新企业或分支机构、收买或兼并东道国境内原有能源开发与利用企业等方式向东道国投资，取得全部或部分控制权、管理权并对所投资企业有重大影响的一种资本输出活动。

近年来，随着我国海外经济利益持续拓展，对外投资高速增长，能源投资的比例逐渐升高。2014年9月，商务部、国家统计局和国家外汇管理局发布的《2013年度中国对外直接投资统计公报》显示，2013年中国对外直接投资为1078.4亿美元，连续两年成为世界第三大对外投资国，能源类投资中采矿业对外直接投资为3.65亿美元，与能源资源相关的“电力、热力、燃气及水的生产和供应业”对外直接投资流量也超过了20亿美元。然而，近年来，我国以能源投资为背景的国际直接投资争议数量日益增加，征收争议的比例更是逐年上升。

（二）国际能源领域直接投资征收风险的概念

征收是国家以其公权力对私人财产权利进行限制或剥夺的一种主权行为，格劳秀斯对此也认为征收是国家行使的主权属性之一。目前，国际条约中尚没有对征收概念的明确定义，《多边投资担保机构公约》第11条①和《多边投资担保机构业务细则》第1.29条②将征收和类似措施作为多边投资担保机构承保的政治风险之一，指出东道国政府的作为或不作为，剥夺了投资者对其投资的所有权、控制权或收益权，就构成了征收。

根据征收的方式，可以将征收划分为直接征收和间接征收。直接征收，是指国家对投资者财产的直接剥夺，将投资者的财产归为国家所有，强调国家对投资者财产的取得。而间接征收体现为东道国政府的措施并没有直接剥夺外国投资者

---

① 《多边担保机构公约》第11条（a）（ii）：“东道国政府采取立法或行政措施，或懈怠行为，实际上剥夺了被保险人对其投资的所有权或控制权，或其应从该投资中得到的大量收益。但政府为管理其境内的经济活动而通常采取的普遍适用的非歧视性措施不在此列。”

② 《多边投资担保机构业务规则》第1.29条：“根据公约第11条（a）（ii），对于可归因于东道国政府的具有剥夺担保权人对其投资的所有权或控制权或从其投资所得的重大利益之效果的措施造成的损失，承保签署权人可以提供担保。担保可以及于但并不限于对资产的征收、国有化、征用、扣押、查封、没收以及冻结措施。”

的财产所有权，然而此种行为的结果却严重干预或妨碍了所有权人对财产的使用，使财产所有人不能自由、充分地行使其权利。20 世纪 90 年代以来，随着海外投资活动的日益频繁，海外投资公平化的呼声越来越高，投资东道国减少了对海外投资者的直接征收，取而代之的是越来越隐蔽的间接征收，在国际能源投资领域，更多的适用环境保护和公众健康等公共利益条款进行变相的征收。

国际条约、国际组织决议以及大多数国家的国内法都在原则上不实行征收，但并未放弃特殊情况的征收权。与此同时，为防止征收措施的滥用，这些法律文件也规定了进行征收的前提条件，这些条件包括：（1）为了社会公共利益；（2）非歧视；（3）遵守适当的法律程序；（4）对征收进行补偿。值得注意的是，并不是所有的法律文件都将征收限定为四个条件，有的文件规定较松，只纳入了四个条件中的三个甚至两个。1962 年，联合国大会通过的《关于自然资源永久主权的决议》承认一国对其自然资源和经济活动的主权，但是，对征收仅限定为三个条件，包括为了公共目的、遵守适当法律程序和适当赔偿。2009 年《老挝人民民主共和国外国投资促进法》则规定只需满足公共利益和补偿两个条件就可以征收。

二、国际能源领域直接投资征收争议的主要解决途径

国际能源领域直接投资征收争议产生后，依据法律的规定，投资者可以通过以下途径寻求争议的解决：东道国的当地救济、投资国的外交保护、国际投资争端解决中心（ICSID）提供的救济和其他国际仲裁等。我国对外能源投资争议解决的方式包括以下七种：（1）协商；（2）国际投资担保制度；（3）海外投资保险制度；（4）东道国当地救济；（5）国际投资争端解决机制；（6）其他国际仲裁；（7）外交保护。

（一）东道国的当地救济

当地救济是东道国属地管辖权的体现，2007 年联合国大会通过的《外交保护条款草案》第 14 条第 2 款规定了当地救济的概念，当地救济是指受害人可以在所指应对损害负责的国家，通过普通的或特别的司法或行政法院或机构获得法律上的救济。因此，当外国投资者遭受征收风险后，可以在东道国管辖的范围内，依据东道国的实体法和程序法，通过行政手段、仲裁手段和司法手段，以寻求救济。

1. 行政救济手段

征收发生在东道国与外国投资者之间，从国内法的角度来说，因征收而引起的争议属于东道国境内的行政争议。投资者认为东道国的征收行为侵犯其合法权益，有权向相应的行政主体提出请求，行政主体在法律许可的范围内受理并及时作出相关决定，这种救济手段即为行政救济手段。

2. 仲裁救济手段

根据投资者与东道国政府达成的仲裁协议，在东道国境内以仲裁方式解决国际能源领域直接投资的征收争议，容易得到东道国的认同，有利于征收争议的解决和裁决在东道国的执行。

但是有些国家认为凡该国认为争议事项关系该国社会公共利益的，不允许以仲裁方式解决，而社会公共利益是各国征收的必备条件之一，这在很大程度上反映了不得将征收提交国内仲裁这一措施的依据，如英格兰法规定触及公共秩序的，索赔不能作为仲裁解决的内容。而沙特阿拉伯在 1963 年第 58 号部长会议决议规定，政府机构同私人之间的争议必须服从沙特的投诉委员会管辖，不得提交仲裁或任何国外司法机构处理。甚至在 1983 年的新仲裁条例中规定，除非得到部长会议主席的批准，任何政府机构不得签订仲裁协定。因征收行为引发的行政争议也可通过行政程序或行政诉讼等方式解决，如我国《仲裁法》规定，依法应当由行政机关处理的行政争议不能仲裁。当出现因征收问题引起的行政争议时，一方当事人可通过行政复议或向人民法院提起行政诉讼的方式解决。

3. 司法救济手段

司法救济手段指外国投资者与东道国政府产生征收争议后，依法向法院提起诉讼，法院依法定程序审查东道国政府行为的合法性，经法院审理作出裁决的司法活动。司法救济手段包括普通法院救济手段和行政法院救济手段。英美法系国家崇尚司法权威，强调对行政权的控制，因此将所有的行政争议都归入本国普通法院管辖。而大陆法系国家则设立专门的行政法院处理行政争议。以法国、德国为典型，征收争议的所有权转移问题由行政法院管辖，补偿金额的确定由普通法院管辖。各国多将司法救济手段作为对外国投资者在本国投资的救济手段，塔吉克斯坦共和国 1992 年《外国投资法》第 8 条规定："有关征收赔偿数额、期限和支付方式发生争执时，可以在塔吉克斯坦共和国法院依照该国法令来解决。"2006 年生效的《越南投资法》第 12 条第 4 款规定："国外投资商与越国家管理机关之间发生的与在越南领土上的投资活动相关的纠纷，可通过越南仲裁或越南法院解决，除非国家管理机关与外国投资商之间签订的合同或越南作为成员的国际条约中另有约定。”

（二）投资国的外交保护

2007年联合国大会通过的《外交保护条款草案》将外交保护定义为一国对于另一国国际不法行为给属于本国国民的自然人或法人造成损害，通过外交行动或其他和平解决手段援引另一国的责任，以期使该国责任得到履行。

投资国在投资者遭遇征收风险后，需满足一定的条件，才可以提起外交保护。第一，投资者国籍持续。国籍持续是投资国行使外交保护前外国投资者需满足的首要条件，反映了投资国的属人管辖权。外国投资者请求外交保护，必须持续不断地具有投资国的国籍，从发生损害之日到正式提出求偿之日持续拥有投资国的国籍，则推断其国籍是持续的。第二，投资者需用尽东道国的当地救济。根据《外交保护条款草案》第14条的规定，外国投资者与东道国因征收引起争议时，需用尽东道国法律对其可以适用的所有法律救济手段，包括行政手段、仲裁手段、司法手段。第三，东道国的征收行为违法。由于目前国际上尚无统一的征收规范，违法即指东道国的征收行为违反了有关征收的实体性或程序性规定的国内法或生效的双边或多边投资协定。通过投资国的外交保护，使东道国的责任得到履行，投资者的权益得到救济。

（三）ICSID提供的救济

1965年，为解决东道国与另一国国民之间的投资争端，在世界银行的主持下出台了《关于解决国家和他国国民之间投资争端公约》，解决投资争端国际中心（International Center for the Settlement of Investment Disputes，简称ICSID）也因此而成立。经缔约国与另一缔约国国民之间双方书面同意并提交给ICSID的争端，其享有管辖权。

外国投资者需符合ICSID仲裁对投资者的规定。对于自然人，在同意与东道国将征收争议交付ICSID之日和ICSID将该争议请求登记之日，都需具有除东道国以外的任一缔约国国籍。对于法人，在将征收争议提交ICSID仲裁之日需具有除东道国以外的任一缔约国国籍。

ICSID解决国际投资争议的途径有两种，即调解程序和仲裁程序。调解无约束力，仲裁则具有最终的约束力。当事人对于适用调解还是仲裁可自行商定，可直接进行调解或仲裁，也可先调解后仲裁。ICSID为调解与仲裁提供设施，如设调解人小组和仲裁员小组，供争议当事人之用。ICSID的裁决是一裁终局，任何缔约国都应承认其效力，它不同于世界上任何一个仲裁机构的裁决，它相当于各国法院的终局裁决，国家法院无权对它进行任何形式的审查。

ICSID成员国间签订的双边投资协定大多规定可以将有关征收补偿的争议或有关投资的一切争议提交该中心解决。例如，2009年《中华人民共和国政府和马里共和国政府关于相互促进和保护投资协定》第9条规定争议可选择提交到"解决投资争端国际中心"的仲裁庭。这一举措使得ICSID的仲裁得到广泛的运用，促进投资者与东道国政府的征收争议得到解决。

（四）其他国际仲裁

征收争议作为国际直接投资中引发的外国投资者与东道国政府之间的纠纷，不同于一般意义上的投资争议，其不适用于传统意义上的国际商事仲裁。当投资国与东道国非《关于解决国家和他国国民之间投资争端公约》的缔约国，外国投资者若运用国际仲裁解决征收争议，局限于其本国与东道国签订的双边投资协定或区域性多边投资条约中规定的国际仲裁条款。双边投资协定或区域性多边投资条约规定的仲裁主要有根据《联合国国际贸易法委员会仲裁规则》（简称UNCITRAL仲裁规则）提交仲裁以及经争议双方同意的任何其他仲裁机构或专设仲裁庭。以2002年《日本国政府和大韩民国政府关于投资自由化、投资促进和投资保护协定》为例，其第15条第2款[①]就规定投资者可将争议提交根据联合国国际贸易法委员会仲裁规则或者经双方同意的任何别的仲裁规则设立的专设仲裁庭。

三、目前国际能源领域直接投资征收争议解决存在的问题

（一）东道国当地救济存在的问题

1. 东道国有关征收的立法存在缺陷

由于国际能源投资的特殊性，涉及环境保护和公众健康的问题比较多，各国

① 2002年《日本国政府和大韩民国政府关于投资自由化、投资促进和投资保护协定》第15条规定："有关投资者可将投资争议提交有约束力的国际仲裁机构解决：（1）若缔约双方均为ICSID公约的缔约者，提交'中心'；（2）依照UNCITRAL仲裁规则；（3）若争议双方同意，提交任何其他仲裁机构或依照任何其他仲裁规则。"

行政部门对能源投资项目的审批比较严格，准入门槛比较高，但是立法却出现相对滞后的现象。一些国家颁布了本国的外国投资法，却未在其中规定专门的征收条款。以马尔代夫为例，其1989年《马尔代夫共和国外国投资法》将外国投资划分为与旅游相关的投资项目和其他投资项目，在第5条投资保障条款中只规定了国家安全例外条款，即当外国投资者涉入危害国家安全的活动时，马尔代夫共和国政府在考虑到安全利益的情况下，可以对该投资进行临时性的关闭。而临时性的关闭并不等同于征收，外国投资者寻求当地救济也不能以征收风险发生要求给予补偿，因此可能会出现无法可依的现象。

有些国家虽然在本国的外国投资法中对征收进行规范，但征收条款存在严重缺陷。征收条件的不透明会造成征收作出机关滥用国家权力，使外国投资者的投资缺乏安全性，随时面临征收的可能。东道国政府对征收有较大的自由裁量权，易引起东道国政府与外国投资者的征收争议，而外国投资者也无法借助更多的东道国国内法寻求征收救济。

2. 东道国征收救济手段存在缺陷

关于行政救济手段，由于行政机关是国家公权力的代表，而征收行为又是行政机关执行国家公权力的行为，其代表着一定的国家利益，为维护国家主权，裁决机关往往会作出维持原征收行为的决定，致使征收决定缺乏公正性与客观性。征收仲裁与东道国国内一般意义的仲裁差异较大，征收仲裁的双方地位不平等，一方为相对弱势的外国投资者，一方为相对强势的东道国政府。东道国政府通常为了自身的利益拒绝提供由其保存的对外国投资者有利的证据材料，仲裁程序也无相应机制约束东道国政府一方的行为，从而使仲裁庭难以作出公正的裁决。另外，很多国家并未将国内仲裁作为征收的救济手段之一。

关于司法救济手段，由于各国法院的审理期限较长，外国投资者很可能在判决还未作出的情况下就已经被宣告破产。由于各国法院的审级存在很大差别，征收案件在很长一段时间都不能得到有执行力的裁决，外国投资者的合法财产可能已经被东道国政府执行完毕。同时，各国对于行政诉讼的举证责任，大多规定由双方当事人分担，这意味着外国投资者对征收争议起诉后，需承担一定的举证责任。例如，在日本，外国投资者就需对征收条件的滥用负举证责任，这无疑加重了外国投资者获得司法救济的难度。

3. 东道国当地救济不能的情形

东道国的当地救济存在着三种例外：（1）当地救济无可能性；（2）当地救

济受到拖延；（3）应采取当地救济的国家主动放弃。在这三种情况下，东道国的当地救济难以实现或根本不能实现，如在叙利亚发生武装冲突期间，法律秩序荡然无存，叙利亚当地救济手段失效。

（二）行使外交保护解决能源投资争议存在的问题

1. 国籍持续原则的局限性

国籍持续原则主要目的是为了防止外国投资者按照不同国家外交保护的强度和实力而购买自己需要的某一国国籍。《外交保护条款草案》第5条和第10条将国籍持续定义为投资者从发生损害之日到正式提出求偿之日持续拥有投资国国籍。而非持续性国籍投资者不能得到投资国的外交保护，也得不到其他国家的外交保护，其有两种情况：（1）投资者受到损害之日具有投资国国籍，正式提出求偿之日丧失投资国国籍的，这种情况自然人得不到投资国的外交保护，而法人若由于损害的原因按照东道国法律终止存在的，投资国有权对其行使外交保护。（2）对于投资自然人在正式提出求偿之日具有投资国国籍但在受到损害之日丧失的，必须满足曾具有被继承国国籍或已丧失原国籍的条件，并且提出与征收求偿无关的原因，投资国才可进行外交保护。由此可见，国籍持续原则在一定程度上限制了外国投资者的外交保护。

2. 投资国存在不提供外交保护的情形

主权国家享有行使外交保护的权利，对本国投资者并无义务给予外交保护，当投资者财产被征收，在符合国籍持续和用尽当地救济的条件下，主动请求投资国提供外交保护时，投资国将权衡本国利益，考虑到本国与东道国的政治经济关系，作出是否给予投资者外交保护的决定。当东道国较为强势或投资国与东道国国际关系较为缓和时，投资国可能会放弃行使外交保护的权利，这对投资者无疑是巨大的打击，造成外交保护作为保护本国投资者的权利而变得不充分。

（三）ICSID解决能源投资争议存在的问题

关于管辖权规定的缺陷。根据《关于解决国家和他国国民之间投资争端公约》第25条的规定，ICSID享有经缔约国与另一缔约国国民之间双方书面同意并提交的案件的管辖权。在ICSID的实践中，投资国与东道国签订的双边投资协定也可以赋予ICSID对征收争议的管辖权。各国对《关于解决国家和他国国民之间投资争端公约》的保留事项，ICSID也不具有管辖权，这就意味着外国投资者并不能将涉及征收的所有争议都提交ICSID解决。根据《关于解决国家和他国国民之间投资争端公约》第25条第4款的规定："任何缔约国可以在批准、接受或核准本公约时，或在此后任何时候，把它将考虑或不考虑提交给中心管辖的一类或几类争端通知中心。秘书长应立即将此项通知转送给所有缔约国。此项通知不构成第一款所要求的同意。"例如，我国就在加入《关于解决国家和他国国民之间投资争端公约》时提出只将由于征收和国有化而产生的赔偿争议，提交ICSID解决，对于征收的合法性，ICSID则不具有管辖权。牙买加则将征收中涉及矿产或其他自然资源的争议不提交ICSID。

《关于解决国家和他国国民之间投资争端公约》对非法征收和合法征收的补偿标准无明确规定。对于非法征收，仲裁庭多裁定东道国进行全部补偿。在阿姆科诉印尼案中，仲裁庭就认为应对受到损害的投资者进行国际法所要求的全部、有效的补偿。而在艾吉卜诉刚果案中，仲裁庭认定刚果政府的行为属于非法征收，并裁定外国投资者进行全部补偿，但是对于利润损失部分，仅裁定支付1法郎的象征性补偿。而对于合法征收，仲裁庭多裁定进行适当补偿，如东方木材公司（LETCO）诉利比里亚政府案中，仲裁庭作出的附带意见认为东道国应进行适当补偿，但并无进一步的阐述。美国独立石油公司（Aminoil）案仲裁庭则认为应对合法征收采用适当补偿标准，仲裁庭以"合法期望"概念代替"预期利润"概念，裁定的补偿额（8300万美元）远低于申请方的求偿额（30亿美元）。由于《关于解决国家和他国国民之间投资争端公约》对补偿标准没有作出规定，使得仲裁庭具有很大的自由裁量权。

（四）其他国际仲裁存在的问题

运用其他国际仲裁机构解决外国投资者与东道国政府的征收争议不具有普及性。一方面，其他国际仲裁机构仅包括根据联合国国际贸易法委员会仲裁规则或者经双方同意的任何别的仲裁规则设立的专设仲裁庭，仲裁庭的设立对征收争议的解决没有针对性。另一方面，与ICSID的国际仲裁庭相比，其他国际仲裁庭缺乏一定的仲裁便利，其擅长的是解决私法主体之间的经济争议，而对于征收争议，其仲裁员对征收案件的处理专业性较低。

利用双边投资协定或区域性多边投资条约中的国际救济时，若投资者已将征收争议提交东道国国内法院，那么其是否还能将案件提交国际仲裁庭呢？对此争议，在实践中有两种做法。一种做法坚持只要提交至东道国国内法院解决，就不可以将争议再提交到国际仲裁庭。[①] 另一种做法坚持已将争议提交投资所在地缔约一方有管辖权的国内法院的投资者仍可诉诸仲裁庭仲裁，条件是该投资者在提交争议后判决作出前，已经从国内法院撤回案件。[②] 其实，这两种观点在本质上都强调同一个问题，即为了避免国际仲裁庭推翻国内法院作出的判决，从而有损东道国的司法独立性。而1988年《中华人民共和国和日本国关于鼓励和相互保护投资协定》将这一理念发挥到最大化，其第11条[③]指出只要缔约一方在缔约另一方境内求助于行政或司法解决时，那么争端就不得提交仲裁。

四、解决国际能源领域直接投资征收争议的构想

（一）合理选择东道国的当地救济

东道国的当地救济是行使一些其他救济手段的前提要求，如外交保护的条件之一就是用尽当地救济，而ICSID中东道国可以要求用尽当地各种行政或司法补救办法，作为其同意交付ICSID仲裁的条件。因此，外国投资者在遭遇征收风险后，可以在行政救济手段、仲裁救济手段和司法救济手段中进行合理选择。选择行政救济手段时，应注意到征收行为的作出机关和征收争议的裁决机关存在共同的利益链，其裁决结果可能对外国投资者不利。而仲裁救济手段不具有普及性，这就促使司法救济手段具有较为突出的优势。

当东道国国内法规定的三种救济手段不能同时适用时，如有些国家规定或仲裁或诉讼，有些国家规定仲裁是终局性的，还有些国家规定行政救济手段是司法救济手段的必经程序，因此外国投资者在选择救济手段时，应当充分了解东道国对救济手段的规定，否则其合法权利很难得到保障。除此之外，双边投资协定或区域性多边投资条约往往规定，选择了东道国的司法救济手段就不能将征收争议

---

① 1997年《中华人民共和国政府和南非共和国政府关于相互鼓励和保护投资协定》第9条第2款："在六个月内不能协商解决争议时，争议任何一方均可将争议提交国际仲裁庭仲裁，条件是涉及争议的缔约方可以要求投资者按照其法律、法规提起行政复议程序，并且投资者未将该争议提交该缔约方国内法院解决。"

② 2004年《中华人民共和国政府和芬兰共和国政府关于鼓励和相互保护投资协定》第9条第2款第3项："根据联合国国际贸易法委员会仲裁规则设立的专设仲裁庭，除非争议当事双方另有其他一致同意。"

③ 1988年《中华人民共和国和日本国关于鼓励和相互保护投资协定》第11条第2款："……如果该缔约另一方国民或公司在该缔约一方境内求助于行政或司法解决时，该争端不得提交仲裁。"

提交给国际仲裁。因此，对于外国投资者来说，在东道国的司法救济手段和国际仲裁手段之间应当从其合法权益是否能够得到充分保护出发作出选择。

（二）合理利用国籍持续原则，争取外交保护

一些国家在行使外交保护权时并未要求投资者国籍持续，如英国就在《国际求偿适用规则》第 2 条规定，“如果求偿人在损害发生之日之后成为或不再是联合王国国民，英国政府可在适当情况下，与求偿人先前或嗣后的国籍国协同提出求偿”，当投资者拥有这些国家的国籍时，可结合国籍国对外交保护的具体规定，请求外交保护。但是，国籍持续原则作为行使外交保护的条件之一已得到世界上大多数国家的认可，如何合理地适用国籍持续原则，成为外国投资者获得外交保护首先要解决的问题。

《外交保护条款草案》要求投资者从发生损害之日到正式提出求偿之日持续拥有一国的国籍，据此，外国投资者在运用国籍持续原则时可以有四种选择：

第一，投资者只具有一个国籍，且国籍在征收损害发生之日和正式提出征收求偿之日无变化。当投资者的投资国和投资东道国都为欧盟成员国，投资者的外交保护可由任何一个欧盟成员国行使。根据 1992 年《欧洲联盟条约》第 8 条 c 款的规定：“每一个联盟公民在他是国民的成员国没有驻在代表的第三国领土上，应受到任何成员国外交或领事机构的保护，就像保护该国的国民一样。1993 年 12 月 31 日前，成员国应在他们之间建立必要的规则并开始为得到这种保护权所需的国际谈判。”欧盟理事会在 1997 年的《阿姆斯特丹条约》对《欧洲联盟条约》进行了修补和完善，其第 10 条指出，根据《欧洲联盟条约》第 8 条 c 款的规定，各成员国的外交和领事使团应加强合作，通过交换信息，开展联合评估和促进。而除此种情况以外，投资者的外交保护只能由一个国家行使，外国投资者可向其拥有唯一国籍的投资国请求外交保护或由投资国主动提起外交保护。

第二，投资者具有一个国籍，但征收损害发生之日和正式提出征收求偿之日国籍有变化。投资者受到损害之日具有一国国籍但在正式提出求偿之日丧失该国籍的，《外交保护条款草案》未予以明确肯定该种类型投资者的外交保护，而是规定了两种不能行使外交保护的情形：（1）当投资者受损害之日具有东道国的国籍，而正式提出求偿之日具有另一国国籍的，那么现国籍国不得对东道国行使外交保护；（2）若投资者在正式提出求偿之日后获得东道国的国籍，那么，投资国

不可再为投资者行使外交保护。而投资者正式提出求偿之日具有一国国籍但在受到损害之日不具有该国国籍的，也分为两种情况：（1）若投资者在提出征收损害之日具有一国国籍，但在提出求偿之日具有了另一国国籍，提出与求偿无关的原因更换国籍且以不违反国际法的方式获得，那么，现有的国籍国可对除原有国籍国以外的国家行使外交保护；（2）若投资者在提出征收损害之日具有一国国籍，但该国籍国在投资者提出求偿之前合并或分离，使得投资者具有了另一国国籍，则后来的国籍国有权对投资者行使外交保护。

第三，投资者具有多重国籍。当投资者具有除东道国以外的多重国籍时，其任一国籍国都可单独或与投资者拥有的其他国籍国共同为投资者行使外交保护。若投资者既具有东道国的国籍又具有投资国的国籍，则投资国原则上不可对东道国行使外交保护，除非在发生征收损害之日和正式提出求偿之日，投资国的国籍均为投资者的主要国籍。

第四，投资者无国籍。当投资者在受到征收损害之日和正式提出征收求偿之日在一国具有合法和惯常的居所时，该国可为该无国籍的投资者行使外交保护。而无国籍人的流动性较大，当投资者在受到征收损害之日和正式提出征收求偿之日在一国不具有合法和惯常的居所时，未有相应法律对其进行保障，其无法获得任一国提供的外交保护。

当投资者符合国籍持续的条件并用尽当地救济后，对东道国征收行为造成的损失可请求投资国予以外交保护或由投资国主动对其进行外交保护。当投资者向投资国申请外交保护时，应将相关文件提交投资国的相关机构，由相关机构审查并决定是否对其实施外交保护。投资者申请的外交保护被批准后，即可由投资国政府与东道国以外交方式对投资者进行救济。

（三）合理利用ICSID的国际仲裁

外国投资者可利用专门解决国家与他国国民之间投资争端的ICSID机制，将其与东道国政府的征收争议提交ICSID国际仲裁庭进行仲裁。

外国投资者需与东道国达成书面协议同意ICSID管辖，由ICSID对征收争议进行仲裁。东道国政府更倾向于将其与外国投资者的征收争议通过东道国国内法方式解决，而不愿交由ICSID国际仲裁庭审理，从而在征收争议发生后不与外国投资者签订同意ICSID仲裁的书面协议。即使外国投资者与东道国政府未直接签订书面同意，只要东道国与投资国签订的双边投资协定中同意了 ICSID 的管辖权，外国投资者就可直接向 ICSID 国际仲裁庭提起仲裁。

《关于解决国家和他国国民之间投资争端公约》要求若外国投资者与东道国同意将征收争议提交 ICSID 仲裁，则视为同意排除任何其他法律救济手段。由 ICSID 仲裁庭作出的裁决是一裁终局，当争议双方同意将征收争议提交 ICSID 后，就不可再运用司法救济、外交保护等法律救济手段。外国投资者与东道国都应承认仲裁裁决的效力，遵守并执行仲裁裁决。外国投资者在面对此种冲突时，应考虑自身的经费情况，结合东道国的法制环境，综合考量，作出是否将征收争议提交 ICSID 解决的决定。

然而，目前 ICSID 中缺乏相应的征收规定，缔约国可根据《关于解决国家和他国国民之间投资争端公约》第九章的规定建议增加关于征收的规定，包括征收概念、条件、补偿标准等事项，将建议增加的文本在审议修改案的行政理事会召开会议之前至少 90 天送交秘书长，并由秘书长立即转交行政理事会所有成员。

（四）其他国际仲裁的选择

双边投资协定或区域性多边投资条约规定的仲裁主要有根据《联合国国际贸易法委员会仲裁规则》提交仲裁以及经争议双方同意的任何其他仲裁机构或专设仲裁庭。外国投资者可根据双边投资协定或区域性多边投资条约中规定的国际仲裁机制对征收争议进行救济。外国投资者与东道国政府应当协商签订仲裁协议，将争议事项提交国际仲裁庭仲裁。根据 UNCITRAL 仲裁规则第 1 条第 1 款的规定："……，此类争议均应按照本《规则》进行解决，但须服从各方当事人可能协议对本《规则》作出的修改。"由于除 ICSID 仲裁机制以外的国际仲裁救济手段不具有普及性，外国投资者应当谨慎采用此种救济手段。

Analysis on the Standards of Indirect Expropriation in International Investment

李 英 于 迪

本研究报告是华北电力大学人文与社会科学学院教授李英主持的中国法学会2014 年度部级法学研究自选课题《中国对外能源投资争议解决研究》（课题编号 CLS〔2014〕D118）的成果精粹。

Being the core issue of international investment, the standards are confirmed to distinguish indirect expropriation from general regulatory measures implemented by the host country. However, the standards have not been regulated definitely by International Investment Treaties. In the name of general regulatory measures, some of the host countries refuse to compensate foreign investors by indirect expropriation. This paper first summarizes the standards of indirect expropriation, and then makes a profound analysis on them, after which comes up with the assumption that the standards of indirect expropriation should take the standard of Effect and Purpose Test into account.

1. The Standards of Indirect Expropriation

Clarifying the standards of indirect expropriation is significant for the division of indirect expropriation from the general regulatory measures imposed by the host country.

According to relevant international conventions, if the action of the host country is identified as indirect expropriation, the host country must undertake obligation of compensating for the loss of foreign investors; however, if it is identified as general regulatory measure, no compensation is needed. So identifying the standards of indirect expropriation helps define the rights and obligations of the host country and its protection level to the property rights of foreign investors, as well as balance the interests between host countries and foreign investors.

From the Bilateral Investment Treaties, regional multilateral investment treaties and universal international conventions signed by countries, the standards of indirect expropriation can be summarized as the following three categories: (1) the standard of Sole Effect Test; (2) the standard of Purpose Test; (3) the standard of Effect and Purpose Test.

1.1 The Standard of Sole Effect Test

The standard of Sole Effect Test refers that the identification of indirect expropriation is solely determined by the influence of the host government's measure on the properties of foreign investors. Andrew Newcombe, an arbitrator in International Court of Arbitration, cited the case of Starrett Housing Corporation v. Islamic Republic of Iran to explain this standard, namely, because of the intervention of the host country, foreign investors' property rights are under consideredtion. In practice, modern International Law emphasizes the balance of interests, So International Arbitration Tribunal prefers to apply the standard of Effect and Purpose Test, with which the host country and foreign investors have less disagreement. The standard of Effect and Purpose Test is conducive to the allocation of rights and obligations between the host country and foreign investors. Therefore, the verdicts of International Arbitration Tribunal in accordance with it and have a higher degree of recognition and enforcement. In Lauder v Czech Republic case① under United Nations Commission on International Trade Law Arbitration Rules (UNCITRAL Arbitration Rules), the Dutch subsidiary of American investor Lauder,

① See Ronald S. Lander v. The Czech Republic. UNCTRAL Award of 10 September 2001 Para 77.

CME, held the equity of company Czech. The arbitral tribunal identified the action of Czech government as indirect expropriation when the property rights of foreign investors had been adversely influenced.

2. Analysis on the Standards of Indirect Expropriation

2. 1 Analysis on the Standard of Sole Effect Test

To the maximum extent, the standard of Sole Effect Test limits the management right of the host country and protects the rights and interests of foreign investors. In the international investment process, as long as the host country's action makes adverse influence on foreign investment, it tends to be identified as indirect expropriation, and whereby foreign investors can claim corresponding compensation. In the 1980s and 1990s, a wide range of developed countries played the role of investing countries in the international investment process. Because the standard of Sole Effect Test can provide sufficient protection with domestic investors to invest abroad, so they preferred to apply it in a large degree. In today's international community, more attention has been paid to the issues like human rights and environmental protection. If foreign investors are allowed to invest in the host country freely regardless of those issues in the host country, the development course of international investment must be violated, which is harmful to the development balance of global economy and society.

2. 2 Analysis on the Standard of Purpose Test

The standard of Purpose Test is beneficial for the host country's practice of management rights which under specific domestic circumstances, thus it is better to protects the public interests of the host country. However, according to this test, if the action of the host country is consistent with the public interests, non-discriminatory, and follows the provisions of relevant laws, the host country will not provide compensation for foreign investors, which is not conducive for the host country to attract foreign investment. Compared with the standard of Sole Effect Test, the standard of Purpose Test maintains is more subjective, so the host country is likely to implement destructive interference on the justification of public interests, which will undoubtedly add uncertainty to foreign investors' prospect in the host country.

The biggest problem occurred in the standard of Purpose Test is how to define public interests. Till now, the concept of public interests has no clear definition: some scholars hold that it refers to the interests of the community as a whole, including health, safety, morality, security, revenue and police rules and so on, whose purpose is the convenience, security and interests of the whole society rather than specific individual or individuals. ① Besides, there are no clear standards and judgment methods of public interests for their connotation and extension changes with economic and social development as well as the changes of people's values. The public interests in most countries generally include public facilities, public utilities, social welfare, transportation construction, urban planning and so on. In recent years, the environmental protection, public health and human rights protection are also included.

2.3 Analysis on the Standard of Effect and Purpose Test

The standard of Effect and Purpose Test not only takes into account the foreign capital management right of the host country, but also limits the host country to exercise this right to some extent. Thus the property rights of foreign investors can be protected. With integrated consideration of subjective and objective factors, the standard of Effect and Purpose Test has relatively strong operability, and effectively balancing the interests of the host country and foreign investors, thereby gaining more support both theoretically and practically.

Introducing the principle of proportionality into the standard of Effect and Purpose Test breaks the traditional standard of Sole Effect Test and standard of Purpose Test. It takes both the effect and purpose into consideration, and weighs their proportion of influence to determine which test has preference in a specific case. This action greatly enhances convenience and operation for the arbitral tribunal to identify indirect expropriation in practice, fully assimilating the advantages from both the standard of Sole Effect

① Stephan W. Schill. The Multilateralization of International Investment Law [M]. New York: Cambridge University Press. 2009.

Test and the standard of Purpose Test.

3. The Choice and Application of Standards of Indirect Expropriation

3.1 The Choice of the Standard of Effect and Purpose Test

It is the trend of international community to apply the standard of Effect and Purpose Test to identify the standards ofindirect expropriation. The reason is that the standard of Sole Effect Test can help fully to protect the interests of foreign investors but add the host country's burden; and the standard of Purpose Test safeguards the public interests of the host country without giving any compensation to foreign investors for their losses; at the same time, the standard of Effect and Purpose Test can balance the effect and purpose factors that cause foreign investors' losses by the host country.

Obviously, under the standard of Effect and Purpose Test, the effect may be taken as priority while the purpose is also considered, or the purpose may be taken as priority as well as the effect. Faced with these two situations, the principle of proportionality is introduced. For example, in Tecmed v. Mexico case[①] heard by the arbitration tribunal of International Centre for Settlement of Investment Disputes (ICSID), on the basis ofpublic interests, the Mexican government advocated to refuse Tecmed's claim for continuing the right to use local land, but the tribunal held that identifying the standard of indirect expropriation should take into consideration the proportion between governmental protection for public interests and the adverse influence on foreign investors. In that case, the arbitral tribunal believed that the influence of Mexican governmental action on foreign investors was much serious, so it decided that the Mexican government needed to compensate Tecmed.

3.2 Exclusions of Indirect Expropriation

In order to avoid unlimited expansion of the scope of indirect expropriation, some exclusion should be considered, such as national security, public health, environmental

---

① See Techicas Medioambienales TECMED S. A. v. The United Mexican states. See ICSID Case ARB (AF)/00/2. Award of May 29. 2003. Para 121; 122.

protection as well as their corresponding influential degree and proportions. For instance, in the issue of environmental protection, the host country's action should not only meet the environ mental needs, but also ensure that the environmental benefits achieved far outweigh the losses suffered by foreign investors, and then it will not be identified as indirect expropriation. In practice, however, the proportion of environmental benefits and the losses of foreign investors is difficult to be identified, the decisions to similar cases are different. In Metalclad v. Mexico case① heard by ICSID arbitral tribunal, the tribunal held that the Mexican government damaged the company's expected profits based on environmental protection needs by refusing to license Metaldad without pointing out any problems and defects in physical structures. In addition, the damage was only on Metaldad without involving other investors. So the tribunal decided that indirect expropriation was identified. However, in Methanex v. United States case, after California enacted a law to protect water resources, Methanex's products were greatly influenced. The arbitral tribunal believed that if the action of the host country was consistent with the public interests, non-discriminatory, and followed the provisions of relevant laws, and it not only influenced foreign investors but also domestic investors, it could not be identified indirect expropriation unless the host country committed to compensate when implementing the action.② Therefore, the arbitral tribunal decided that the U. S. government's action was general regulatory measure rather than indirect expropriation. As can be seen from the cases above, when the arbitral tribunal identifies public interests, the scale of the influence by the management of the host country is usually considered; when the scale of influence is limited to particular foreign investors, the action is usually identified as indirect expropriation; when the influence expands to all investors at the territory of the host country, the action is often identified as general regulatory measure.

4. Acknowledgements

Supported by Beijing Co-construction Project for Central Colleges and Universities.

---

① See Matalclad Corporation v. the United Mexican States. ICSID Case No. ARB (AF) /97/1. Para 94.

② See Methanex v. United states. Final Award of the Tribunal on Jurisdiction and Merits. 08/03/05. Para 7.

应对《多德—弗兰克法案》、科学安排《证券法》域外适用

郭华春

本研究报告是华东政法大学国际法学院郭华春讲师主持的中国法学会2014年度部级法学研究自选课题《〈多德—弗兰克法案〉域外管辖机制与我国的对策》（课题编号CLS〔2014〕D120）的成果精粹。

美国2010年颁布的《多德—弗兰克华尔街改革与消费者保护法》（即《多德—弗兰克法案》，以下简称DFA）通过修法的形式，力图从整体上改革美国金融监管体制，并正影响着我国的金融法规与市场交易。

厘清DFA域外管辖的含义和管辖标准，评估DFA域外管辖的功能与正当性，剖析支撑美国实施域外管辖的机制，从制度层面讨论我国应对和借鉴DFA域外管辖的具体安排，对于我国当前《证券法》修订具有重要意义。

一、策略性利用“域外管辖”含义、正确认识DFA域外管辖立场

DFA第929P条首次在国会立法层面明确了证券法规域外管辖效果标准和行为标准，但仅适用于美国证券交易委员会（以下简称SEC）和司法部的官方执法诉讼，私人诉讼能否适用上述标准？如何处理第929P条与联邦最高法院在Morrison v. National Australia Bank（以下简称莫里森案）判决中确立的域外管辖“交

易标准”之间的关系？如何理解和应对DFA及监管部门创设的规章就沃尔克规则、互换交易监管规范的域外适用规定了复杂的指南？这些问题仍然没有明确且存在争议，重要原因在于美国的立法、司法和执法机关有意或无意地（乃至策略性地）模糊了域外管辖（Extraterritorial Jurisdiction）的含义。

域外管辖实际上指的是美国实体法律域外适用的现象。“域外”不仅限于美国领土范围之外，而是已经近乎主体、客体或法律事实所具有的“涉外”性。“管辖”包括立法管辖、司法管辖和执法管辖三个层面的含义。域外管辖含义的灵活性对正确认识、评估和应对DFA域外管辖具有重要意义。

首先，联邦法院通过“域外”的含义策略性的解释来“掩饰”其行使域外管辖权之实。例如，联邦法院将对外国行为的管辖解释为国内管辖（而非域外管辖），认为只要境外行为的影响效果发生在美国境内，即不属于域外管辖。莫里森案确立的“交易标准”并不意味着联邦法院对域外管辖持限制立场，因为确立交易地的“焦点分析”法极为灵活，法院享有较大的裁量权。关于DFA第929P条管辖权含义的争论也表明了这一点。

其次，应关注“管辖”的含义，联邦法院在域外管辖司法策略上的变动，并不代表美国立法、执法域外管辖立场的缓和。如上所述，联邦法院的域外管辖表面上的“限缩”是假象，而且监管机构的域外管辖权限范围在扩大。例如，DFA第929P条明确了SEC和司法部域外管辖诉讼的行为标准、效果标准，SEC在证券、沃尔克规则和互换交易方面获得并行使了更多创制域外管辖标准的权力。

最后，DFA灵活利用域外管辖含义这一策略是为避免他国仿效美国的域外管辖做法。换言之，这种做法是为了更有力地行使美国的域外管辖权，是在维护美国域外管辖的正当性。

二、关注域外管辖的功能、提升正当性

域外管辖具有维护美国投资者利益和美国市场秩序完整性的功能，既可以发挥国内法调整跨境事务的功能，又可以避免承担利用国际法调整手段所可能承担的义务。域外管辖所具有的法律竞争效果有助于推动美国监管规范的跨境传播，实现DFA更高层次意义上的域外管辖。必须指出的是，域外管辖的核心功能不在于法律条文的实际可强制执行性，而在于提升一国金融监管法规的国际影响力

和话语权，因而其正当性塑造尤为重要。

DFA规定域外管辖有其历史、法律和现实需求方面的正当性。从历史角度看，美国建国的域外管辖立场呈现出如下顺序的变动规律：（1）坚持法律严格的属地性、禁止域外适用；（2）“反对域外适用”推定；（3）国会立法明确规定域外适用。此种立场变化的背后是美国大国地位的提升，美国从防止欧洲国家干涉内政发展到维护美国在全球的利益。2008年金融危机以来的系统性风险隐患为DFA在立法上明确域外管辖提供了现实正当性。

首先，金融创新与系统性风险赋予了DFA域外管辖规定新的正当性依据，适度行使域外管辖权是负责任行使主权权利的体现。

其次，DFA的域外适用可以影响多边监管规范的形成。域外管辖这一国内法上的单边行为推动了各国在金融监管问题上的相机性协调向规则性协调方向发展，逐步实现实体法的趋同。联邦证券诉讼对当事人选择管辖权和法律的有限承认，是以外国法能够实现美国证券法上的保护目标为前提的。美国证监会和期货委员会关于互换领域监管规范替代合规的规定，也意在推动外国法与美国法的趋同。DFA已经超越了单纯的基于领土地域标准来判断适用何国法律，进一步深入考察比较各国的法律规范的实体内容来决定法律适用，具有明显的跨国法律建构意义。在当前国际社会就系统性风险防治在多边法律层面达成一致面临困难的情况下，此种单边推动跨国监管规范建构无疑具有一定的正当性。

但是，即使不考虑主权因素，DFA本身内容并非完美无缺，其带有缺陷性规范的域外适用无助于系统性风险的防治。不合理的域外管辖也会对美国金融市场的竞争力产生影响。例如，证券领域的域外管辖加速了中国概念股的“去红筹”。沃尔克规则域外适用同样导致了外国银行压缩在美国的市场规模，或者不愿意以美国人为交易对手进行交易。

DFA域外管辖功能及其正当性对我国《证券法》修订具有一定的启示意义。“一带一路”国家战略和人民币国际化需要附着于资本的跨境流动，依托于资本市场配置资源。我国《证券法》发挥适度的域外管辖功能有助于维护我国境内外资本交易当事人的合法权益和系统性风险防治。

三、挖掘域外管辖的支撑机制、加快市场基础设施建设

DFA域外管辖依托于美国国内立法、司法和执法的复杂互动管辖。联邦法院

通过“反对域外适用”推定解释国会在联邦证券法中的域外管辖意图，并确立了效果标准、行为标准和“交易标准”。SEC 通过证券领域的域外执法、制定有关沃尔克规则、互换和证券基准互换监管规范的域外适用标准，规定了替代合规等措施推动他国对 DFA 实体内容的认可和趋同，进而实质上推动 DFA 域外管辖效果的实现和功能提升。

美国金融基础设施、金融市场国际化和金融法制保障为域外管辖提供了市场支撑。这一点在 DFA 沃尔克规则、互换交易集中清算和数据库制度方面尤为典型。

同理，我国《证券法》的域外适用需要《民事诉讼法》提供程序保障和以证监会为代表的监管机构强化跨境执法合作能力。同时，上海国际金融中心建设应加快互换清算设施、人民币清算中心建设，以降低 DFA 域外管辖风险、增强我国的域外管辖能力。

四、确立证券领域域外管辖“二元”标准

联邦最高法院 2010 年在莫里森案的判决确立了证券法规域外管辖的“交易标准”，并延伸适用于互换交易等领域。DFA 第 929P 条确立了 SEC/司法部官方执法诉讼的行为标准和效果标准。但是第 929P 条存在如下有待解决的问题：（1）条文中的管辖权是司法管辖还是立法管辖？（2）私人证券诉讼是否适用同样的标准，还是适用交易标准？上述因素使得美国证券领域域外管辖暂时形成了私人执法诉讼与官方执法诉讼的二元域外管辖标准。

“交易标准”并不一定预示联邦法院在域外管辖问题上进行了自我限制。首先，联邦最高法院并没有明确如何确定交易标准中的交易地。从实践看，在交易所交易、场外交易和衍生金融交易等场合，联邦法院提出了确定交易地形形色色的标准，各类标准存在交叉重合乃至冲突之处，但不变的是联邦法院享有较大的裁量权。其次，DFA 明确了证监会和司法部在执法诉讼中采纳行为标准和效果标准，但没有明确规定私人诉讼一定会采纳交易标准。DFA 第九章关于域外管辖的模糊规定和争论预示着美国在证券监管领域域外管辖立场很难发生根本性的变动。

五、合理利用例外应对沃尔克规则域外适用

沃尔克规则及其实施细则通过在《银行控股公司法》新增第13条的方式详细规定了银行实体禁止从事自营交易和高风险投机交易活动，要求银行建立与经营活动、规则、范围和复杂性相符合的合规程序。

防范系统性风险对美国的影响是沃尔克规则实施域外管辖的基本依据。沃尔克规则通过界定"外国银行实体"、"自营交易"、"发起"、"涵盖的基金"、"所有权益"、"完全发生在美国境外"和多层次的合规程序界定了域外适用的范围及其例外，并通过反规避和审慎监管例外对域外管辖的例外进行了限制。

沃尔克规则对推动金融服务实体经济具有一定的积极作用，但对我国商业银行综合经营和国际化有一定的不利影响。我国可以考虑充分利用沃尔克规则的域外管辖例外并注意建立合规程序应对沃尔克规则域外管辖。

六、区别对待、替代合规为互换市场发展争取法治保障

互换交易域外管辖体现在登记和监管要求方面，但更有赖于中央交易对手结算所、交易平台和数据存储库等金融基础设施为载体将交易固化在本国境内。SEC和美国商品期货交易委员会（CFTC）关于互换交易域外管辖的两份指南确立了宽泛的域外管辖标准，其关于"美国人"、"非美国人"的界定极其繁杂，关于替代合规的规定不但缓和了国际冲突，而且推动了美式监管规范的跨国传播。

我国衍生金融交易市场处于起步阶段，不宜照搬美国的规定。对DFA互换交易监管规范中的不合理成分，我国宜坚持国际标准和多边标准，为自身主张提供正当性。对于DFA符合我国互换市场发展现实需要的内容，我国应借鉴其内容转化为国内法，并争取适用替代合规制度，提升我国在互换交易监管领域的影响力和话语权。

此外，对于中央银行、货币管理机构、公债与外汇储备管理机构等维护金融市场稳定的官方机构、国际金融组织在从事互换交易时，我国可考虑根据对等原则，以尊重其行使维护金融市场稳定的权力为原则，豁免相应的合规义务。

七、完善《证券法》修订草案第2条域外管辖安排

在资本市场国际化过程中，我国应发挥《证券法》的域外效力，承担为投资者跨境证券交易提供保护的责任。《证券法》修订草案第2条关于域外管辖的条文规定，存在含义模糊并需要细化制度安排。

首先，我国《证券法》可以确立“二元”的域外管辖标准。《证券法》可以明确私人诉讼管辖的交易地标准，并赋予证监会对域外行为的效果管辖标准和创制《证券法》域外适用的具体标准指引的权力。

其次，鉴于我国国有经济主导地位之特征，为降低《证券法》修订草案第2条“境内投资者合法权益”、“国家利益”和“公共利益”含义所带来的不确定性，我国域外管辖目标中的损害效果可以表述为“维护我国证券市场秩序和投资者合法权益”。

再次，我国《证券法》应提升对投资者的保护标准，为投资者主张域外适用我国《证券法》提供激励和保障。

复次，法律应提高当事人选择法律和救济方式的意思自治程度，为我国投资者在全球寻求高标准的投资权益救济提供报告。同时，这也有助于当事人通过仲裁、诉讼管辖权选择和准据法选择来降低DFA域外管辖所可能带来的不利影响。

最后，我国《证券法》宜明确替代合规制度，推动我国证券法规获得其他国家的认可。

图书在版编目（CIP）数据

中国法学会部级课题成果要报汇编. 2016年. 社会法、环境法与国际法卷/中国法学会编. —北京：中国法制出版社，2017.12

ISBN 978-7-5093-8176-2

Ⅰ.①中… Ⅱ.①中… Ⅲ.①法学-中国-文集②社会法-中国-文集③环境保护法-中国-文集④国际法-文集 Ⅳ.①D920.0-53

中国版本图书馆CIP数据核字（2017）第006808号

策划编辑 朱丹颖　　责任编辑 朱丹颖 欧 丹　　封面设计 杨泽江

中国法学会部级课题成果要报汇编（2016年）社会法、环境法与国际法卷

ZHONGGUOFAXUEHUI BUJI KETI CHENGGUO YAOBAO HUIBIAN（2016NIAN）SHEHUIFA、HUANJINGFA YU GUOJIFA JUAN

编者/中国法学会

经销/新华书店

印刷/北京京华虎彩印刷有限公司

开本/787毫米×960毫米 16开　　印张/12 字数/201千

版次/2017年12月第1版　　2017年12月第1次印刷

中国法制出版社出版

书号 ISBN 978-7-5093-8176-2　　定价：40.00元

地址：北京西单横二条2号　　值班电话：010-66026508

邮政编码：100031　　传真：010-66031119

网址：http：//www.zgfzs.com　　**编辑部电话：010-66066621**

市场营销部电话：010-66033393　　**邮购部电话：010-66033288**

（如有印装质量问题，请与本社编务印务管理部联系调换。电话：010-66032926）